下班后一小时，拯救人生

上班族极速学习法

[韩]李泂宰————著 高莹————译

电子工业出版社
Publishing House of Electronics Industry
北京·BEIJING

Copyright © 2019 by 이형재 （LEE HYUNG JAE 李泂宰）
All rights reserved.
Simplified Chinese translation Copyright © 2024 by Publishing House of Electronic Industry Co., Ltd Simplified Chinese language edition is arranged with Book21 Publishing Group through Eric Yang Agency
本书中文简体字版授予电子工业出版社独家出版发行。未经书面许可，不得以任何方式抄袭、复制或节录本书中的任何内容。

版权贸易合同登记号　图字：01-2020-4227

图书在版编目（CIP）数据

下班后一小时，拯救人生：上班族极速学习法 /（韩）李泂宰著；高莹译. -- 北京：电子工业出版社，2024.5
ISBN 978-7-121-47790-4

Ⅰ.①下…　Ⅱ.①李…②高…　Ⅲ.①学习方法－通俗读物　Ⅳ.① G442-49

中国国家版本馆 CIP 数据核字（2024）第 088751 号

责任编辑：张振宇　　　文字编辑：王浩宇
印　　刷：三河市良远印务有限公司
装　　订：三河市良远印务有限公司
出版发行：电子工业出版社
　　　　　北京市海淀区万寿路 173 信箱　　邮编：100036
开　　本：880×1230　1/32　　印张：7　　字数：179.2 千字
版　　次：2024 年 5 月第 1 版
印　　次：2024 年 5 月第 1 次印刷
定　　价：68.00 元

凡所购买电子工业出版社图书有缺损问题，请向购买书店调换。若书店售缺，请与本社发行部联系，联系及邮购电话：（010）88254888，88258888。
质量投诉请发邮件至 zlts@phei.com.cn，盗版侵权举报请发邮件至 dbqq@phei.com.cn。
本书咨询联系方式：（010）88254210，influence@phei.com.cn，微信号：yingxianglibook。

前言
上班族重拾课本

在靠着每月二百多万韩元①的工资勉强度日、加班如家常便饭一般的时候，我决意重拾课本。那时，我冲劲十足，每天早出晚归，整天忙于处理工作上的事，忙忙碌碌，分秒必争。其实，在刚刚入职时，我就对自己的处境有所预料。即使我全力奋斗，也很难实现富裕，只能蜗居于首尔市区一隅。为了让自己摆脱疲倦辛苦的生活，也为了防止自己以辞职为借口自我逃避，我决意把握根本的解决之策——重拾课本。

从此，我开启了长达十多年的工作与学习并行的生活。值得庆幸的是，在工作中我不但取得了对工作有辅助作用的美国注册会计师资格证书，还取得了特许金融分析师资格证书。锦上添花的是，我还取得了注册地产经济师资格证书，这是我为

---

① 每月二百多万韩元在韩国仅够衣食住行等基本生活消费——译者注。

了规划中的老年生活做出的准备。这时，我才感到终于通过自己的努力，提高了自己的生活质量。通过学习，我收获了成就感，也拓展了自己在公司的工作领域，而我的工作态度也得到了领导们的认可。未来，我的人生道路将越来越宽广。

上班族应该把焦点放在自己身上。只有通过学习和自我提升，上班族才能在工作中获得话语权。另外，我们还能够跳槽到更符合自身条件的新单位，甚至可以另起炉灶，自己开创一番新事业。不管为了什么重拾课本，我们都应聚焦于自身。通过长时间的学习，我感受到，"为了外在成功而学习"和"为了幸福生活而学习"完全是两码事。上班族应该为自己的幸福生活而努力学习。希望大家尽量选择投入少、回报高的高效学习法。因为对上班族而言，学习本就是一种变相加班，学习本身就是压力。

上班族在开始学习时，需要注意一点：万万不可焦躁。人们在下定决心并树立相应目标后，如果短时间内得不到回报，就会产生急躁心理。然而，急躁心理是摧毁坚韧毅力的危险因素。上班族既非学生也非待业求职者，他们没有所谓的时间限制，因此也没有必要担心在激烈的竞争中被淘汰出局。另外，上班族每个月的收入稳定，这是上班族学习者的最大优势。上班族进行学习，并非为了尽快拥有稳定的经济收入，也不是为了丰富简历内容，而是为了提升自己的能力，这也是上班族的身份带来的优势之一。作为上班族，我们可以迈着看似悠闲自得，实则坚定有力的步伐，一步一个脚印，每天坚持学习。

我把自己在十多年间边工作边学习的经历中收获的有效方法倾囊相授,全部写进本书中。其中包括如何制订学习目标,如何在工作时灵活运用时间等内容,我认为,这些都是对上班族大有裨益的。

在第一章中,我为那些因公司业务缠身而失去方向的上班族提出建议:重拾课本,踏上一条崭新的学习之路。另外,我还讲解了何种学习才是对人生有帮助的学习,树立何种目标才能改变人生。希望大家能够在阅读完第一章后进行思考。

在第二章中,我介绍了适合上班族的学习方法。上班族在忙碌中管理时间的方式,将决定其学习成果。怎样在百忙中抽出时间安排学习?在哪里学习会更具效率?在"周末学习方法""下班时间学习方法"等内容中,我会教大家如何管理自己的碎片学习时间。

在第三章中,我介绍了一些能够帮助上班族减轻学习压力、提高学习效率的方法。我分享了自己在学习过程中积累的精简学习量的方法、客观题和主观题的答题方法,以及养成良好学习习惯的方法。利用高效的学习方法,我们即使每天只学习一个小时,也会取得不错的学习成果。

在第四章中,我介绍了适合上班族的备考策略。例如,怎样做才能少学、多得分,怎样做才能更加轻松地通过考试。

在第五章中,我分享了一些有关"上班族学习的精神支柱"的感悟,并介绍了上班族在学习时获得更多满足感的方式,以及大家在学习过程中该如何消除可能产生的各种顾虑。

我的学习经验并不完美，但或许能帮助那些决心学习的上班族避免我曾经犯下的错误。如果能帮助大家踏上明智的学习之路，我会感到很高兴的。我深信，这本书中介绍的学习方法一定能给大家的人生带来惊喜。我以此书，为重新踏上学习之路的上班族祈福，祝福大家成功。

目 录

第一章　上班上到迷茫，不如重新开始学习 …………… 1
　　上班族学习预热三阶段 …………………………… 3
　　树立目标1：区分"属于我的"和"不属于我的" … 7
　　树立目标2：找到理想与现实的差距 …………… 11
　　树立目标3：身为上班族，学点什么好 ………… 17
　　激发动力1：极简学习，需要断舍离 …………… 23
　　激发动力2：最好的时机是现在 ………………… 26
　　上班族学习为什么没成效 ………………………… 30

第二章　又忙又累的上班族，该怎么学习 …………… 35
　　管好四个要素，上班族也能高效学习 …………… 37
　　时间管理1：了解精通一项技能所需要的时间 … 41
　　时间管理2：周末学习，如何平衡学习、
　　　　　　　　休息和生活 ……………………… 47
　　保证周末学习时间的方法 ………………………… 51
　　时间管理3：善用碎片时间，下班学习一小时 … 53
　　时间管理4：百忙之中挤时间，高密度学习 …… 58

创造学习时间的三个技巧 ·················· 61
　　地点管理：地点决定你的学习效率 ·············· 63

第三章　专为上班族打造的极速学习法 ·············· 69
　　学习方法1：合理分配任务，精简学习量 ·········· 71
　　学习方法2：抛弃低效的记忆方式 ··············· 77
　　学习方法3：适合忙碌上班族的高效记忆法 ········ 81
　　三步学习法帮你适应新工作任务 ················ 87
　　学习方法4：如何战胜厌学情绪 ················ 91
　　学习方法5：快速读完一本书的技巧 ············· 96
　　学习方法6：突破极限、实力跃升的秘诀 ········· 100
　　生活管理：管好日常生活，让学习事半功倍 ······ 105
　　学习的事是否要对公司保密 ··················· 108

第四章　上班之余，轻松备考上岸 ················· 111
　　明明努力准备，为何总是考不过 ················ 113
　　考试，不是你想的那样 ······················· 119
　　减少无意义学习，让付出有成果 ················ 124
　　备考心态1：考试常胜军与考试常败军的差异 ····· 130
　　备考心态2：避免学习失败的关键 ··············· 135
　　备考心态3：找到激励自己的理由 ··············· 139
　　备考策略1：短时间备考也能上岸的秘籍 ········· 144
　　备考策略2：客观题快速提分法 ················ 149

备考策略3：主观题再多得一分的答题法 ……… 153
备考策略4：独自备考怎样保证学习质量 ……… 157
考资格证书，先想清楚这几个问题 ……………… 162

第五章　支撑上班族坚持学习的精神支柱 ……… 165

重拾课本前，思考三个问题 …………………… 167
反观自我1：别低估自我开发的能力 …………… 170
反观自我2：正视并克服学习瓶颈期 …………… 175
反观自我3：将失败化作通向成功的路 ………… 179
面对失败，如何反败为胜 ……………………… 183
反观自我4：过于专注学习，也有副作用 ……… 186
注意周围1：别被暗藏陷阱的建议所左右 ……… 190
不被他人意见动摇的方法 ……………………… 195
注意周围2：如何避免学习中的情感消耗 ……… 197
放眼世界1：开始学习永远不晚 ………………… 202
放眼世界2：走上高位，也要懂得如何退场 …… 205

后记　感恩尚有机会全力以赴 …………………… 210

第一章
上班上到迷茫，不如重新开始学习

上班族学习预热三阶段

为了拥有美好的未来，很多上班族会边工作边学习，不断地进行自我提升。他们为了新的职业发展或是稳定的老年生活而努力奋斗。我也是上班族学习大军中的一员。为了能够收获学习成果，我们不惜投入大量的金钱和时间。

究竟会有多少上班族能通过学习有所收获呢？我的上班族朋友中，不乏投身英语培训班却中途放弃的学习者。重拾课本时人们往往豪情壮志，然而取得成果绝非易事。上班族们如果不在学习之前考虑好"学什么"和"怎么学"，就很容易在自我提升的道路上遭遇滑铁卢。

学习失败的原因

我有一位上班族朋友，非常热衷于参加英语培训班及各类资格证培训班的学习和考试，我曾听他感叹："工作是对生命的消耗，我却迫于生计，无法潇洒地离开，因此时常会对未来感到迷茫。我如果不利用业余时间进修和自我提升，我甚至会感到前路茫茫、生无可恋。"

同为上班族的朋友们，是否感同身受？在如今的就业市场，就业率低，竞争压力大，我们不得不居安思危，在工作中不停寻找提升自我价值的学习机会。但漫无目的地开始，反而会在学习过程中有受挫感，也会使人难以坚持。

身为上班族的我，起初也感到非常迷茫和困惑，为了能够突破职场中的瓶颈，我希望通过不断学习来提高自己的专业素质。为此，我致力于考取特许金融分析师和国际财务管理师等资格证书。即使是涉及大学时代所学知识的办公软件一级证书和办公电脑实际操作一级证书等基本工作技能证书，我也一一考取。我在工作期间曾参加了无数场考试，并且取得了各种各样的资格证书。当我手捧各类证书，回想整个过程时，发现自己的确付出了多于他人的努力，但我甘之如饴。在这个过程中，我发现了另一个自己，一个无法在工作中取得成就却不甘被工作逐渐消磨的我，一个热衷于取得资格证书的我。我利用学习发泄自己对工作和生活的不满，为了突破职场上的瓶颈，盲目且忙碌地不断学习。

尽管我掌握了高效的学习方法，在应付这些资格考试时游刃有余，但我的工作和生活并未因此发生很大的改变。取得资格证书不会使工资立即上涨，资格证书也并非都有用武之地，因为这些学习成果是我怀着对未来的莫名不安，盲目努力后取得的。如果我连这些资格证书都没能获得，那么我的自尊心恐怕会受到巨大的伤害。

在深思熟虑后，我领悟到，为了提高生活质量的学习，应该是一场目标坚定的学习。为了树立明确的学习目标，我必须看清现在的自己。只有立足于现状，才能看清自己未来的样子。

学习预热过程的三个阶段

学习究竟会怎样改善我们的生活？对于这个问题，如果你已经有了答案，那么说明你已经产生了学习的欲望。接下来，你就应该开始树立合理的学习目标了。这个目标必须符合现实条件，并且能够得以实现。你不妨扪心自问：学习究竟有何用？究竟学习什么才能发挥作用？是否需要为了他人而学习？

为了更愉快地学习，我们在学习之前，需要经历"预热"的过程。并非只有深夜往返于各类培训班的刻苦学习才能使工作和生活充满神奇的乐趣。我们要相信，学习能够帮助我们实现自我提升。当我们采用高效的学习方法，收获学习成果时，我们将会获得巨大的成就感。为了获得学习的成就感而着手准备的阶段，便是学习的"预热"过程。就像在寒冷的冬天，发动汽车前我们需要先预热引擎，使车子更容易发动。

学习的预热过程分为三个阶段。首先，是了解现状的阶段。只有通过现在的努力，才能取得未来的成功。其次，是学习动力的激发阶段。对上班族而言，下班后、周末或休假时的学习是痛苦的折磨。学习一两个月便放弃的人比比皆是，有人甚至会拖延到下一年才重拾课本。如此，学习恐怕就成了一场时间和金钱的无谓消耗。为了能使自己付出的努力得到回报，我们需要依靠强大的学习动力，越过瓶颈期。但并非拥有了学习欲望，就能达成学习目标。最后，是掌握高效的学习方法的阶段。本章我们将一起探讨预热过程的第一、第二阶段，即树立目标和增强学习欲望的阶段。

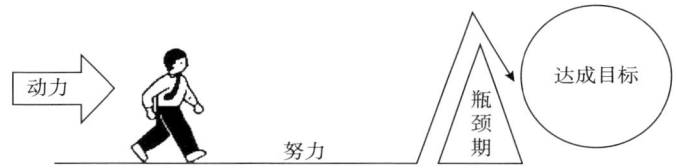

很多上班族投入学习却未能获得成果的原因是无法跨越瓶颈期

树立目标1：
区分"属于我的"和"不属于我的"

怎样才能知道自己究竟想做什么？首先，要区分"属于我的"和"不属于我的"。只有明白自己现在拥有什么，才能察觉到自己缺少什么，从而找到自己内心想要做的是什么。为了区分"属于我的"和"不属于我的"，我们要思考以下三部分内容。

当前职位的高低不能代表真实能力

首先要了解，当前所处的职位并不属于我们。我们在公司中也许拥有很多权限，而这些职责范围内的权限有可能让我们对自己的真实能力产生错觉。职责和权限是我们在公司工作期间暂时拥有的，并非我们的私有财产。工作任务结束后，我们需要原封不动地返还职位和权限。现代社会中上班族的形象，包括"组织任命的职务形象"和"个人的真实形象"。"组织任命的职务形象"会随着境遇而改变甚至消失，并不真正属于自己。"个人的真实形象"是指不管岗位如何变动，自己都拥有的真实能力，这些不离不弃、永远相伴的东西才是真正属于自己的。

大家是否听身边的人说过这样的话："你知道我是谁吗？怎么能在我离职时这样对我？"说这些话的人，就是把"不属于我的"东西当成"属于我的"东西的人。他们误以为组织暂时赋予他们的职位和权限是属于自己的，对自己的能力有着过高的评价。我们需要认真思考，为什么从前总是对我们好意奉承、殷切相待的下属和同事，会在我们归还职位与权限的一瞬间，对我们产生很大的态度变化。

职场价值观不属于自己

上班族大部分时间都在工作中度过，难免被职场价值观绑架。我们为了得到上级领导的认可而努力表现，为了升职而忙忙碌碌，为了解决眼前的工作问题而马不停蹄地奔波劳碌，却忘记了为自己的将来做打算。

只注重眼前的成功和只在意职场上的得意，都很难保证将来不会遇到工作上的瓶颈期。公务员职位被公认为收入稳定的铁饭碗。根据相关部门统计，自1970年以来韩国公民的平均寿命为62.3岁，而当时的退休年龄为65岁。然而，根据2016年所做的统计，韩国公民平均寿命增至82.4岁，而公务员的退休年龄下调至60岁。因此，如今的大部分公务员在退休后还有二十多年的寿命。为了在退休后仍然能过上富裕的生活，也为了在退休后仍能实现自我价值，我们要尽早努力提高自己的能力。另外，大部分企业职员甚至比公务员更早退休，他们当然更应该考虑这些问题。我们如果在工作时只看重职场价值观，只遵守职场法则，就只会为眼前的工作奔忙。一旦退休，后果可想而知。余生该如何安然度过？我们也许会为此感到失落与迷茫。我们心中的负担和烦恼，无法在职场中得以释放。

工作中的一切，并不属于个人。我们的职位，也会在我们退休后归还职场。退休后的生活，是需要我们自己去面对的。

过去的成就只属于过去

每当我们取得成功时，都会有人送上热烈的掌声或出言祝贺。确实，每一次收获学习成果都令人兴奋不已，因为这是我们通过自己的努力奋斗收获的可视成果。每一个考试合格的瞬间，都会令我们振奋，进而使我们充满自信，相信自己可以胜任所有的工作。但我们在每次准备新的考试前，都要重新开始。只有忘掉过去的成就，才能收获未来的成果。

有些上班族会对自己过去的成功经验产生过高的评价，他们只关注晋升考试，只在乎升职，误以为这样能帮助他们跳槽到更好的公司，拥有更好的职位和生活。另外，有些上班族认为，稳妥地在职场上混到退休，生活就能得到保障。

但是，请仔细想想，在我们实现目标之前，目标还只是目标，这些都不是真正属于自己的。即便是看似简单的考试，我们在备考时也会遇到困难。在过去的光环之下盲目自信，认为每一次尝试都能取得成功，只会使自己的成长能力衰退。我们需要拥有放下过去、重新开始的勇气。唯有保持初心，才能勇往直前。比如，为了跳槽到更好的公司，大家都在努力学习第二外语，从而考取外语资格证书。那么，大家其实站在了同一起跑线上。这时，我们需要对自己的能力进行客观评价。真正的成长，就是从认清自己开始的。

那么，我们从区分"属于我的"和"不属于我的"开始，了解自己现在的真实情况。

属于我的	不属于我的
业务经历及经验	当前职位（事务官）
独立学习所得	工作业务（报告书，业绩）
资格证书（注册地产经济师等）	晋升考试合格（离职后作用消失）
家人、朋友的支持	业务上的伙伴（客户）

树立目标2：
找到理想与现实的差距

了解自身条件后，我们就能发现自己想要的是什么，从而找到自己真正要做的事。努力的方向正在于此。现在，让我们开始寻找自己的理想吧。首先，我们要了解自己和理想之间的差距，思考缩短差距的方法。我们要学会冷静地分析自己的过去，这是能够取得成果的捷径。

消除理想与现实的差距

现实和理想之间总会存在差距，该如何消除这个差距？我们可以先在笔下描述我们向往的生活，再描述现实的生活。比较现实生活和理想生活之间的差距，思考我们是否对社会做出了贡献，我们对家庭是否忠诚，我们是否愉快地度过了生活中的每分每秒。只有清楚地了解自己，才能发现自己真正想要的是什么，从而找到自己的奋斗方向。

假如我们穿越到了一年后、五年后，甚至十年后，发现那时的生活与理想仍然相去甚远，那么我们将会无比失望。为了消除理想和现实的差距，我们首先要直面它。写下我们正在做的事和想要做的事，直观地看清理想和现实间的差距。

在过去中寻找原因

在认真思考理想和现实的差距后，我们会有什么感想？有的人会自满于现状，觉得自己已经做得非常好了；有的人会感觉二者相去甚远，过去的种种努力似乎都付诸东流了。不妨思考一下，人们为何会认为过去不堪回首？我们能否找到这个问题的答案？

我以前很讨厌学习英语。上学时，我只以取得高分为目标，尽量投入最少的时间和精力。结果我现在的英语水平和我所期待的相去甚远，这是因为我在过去的英语学习中用了错误方法。如今，在工作中，每当需要与外国人开会或联络时，我都感到黔驴技穷，暗自懊恼，心想："要是我的英语再好一点就好了！"这就是我学习英语的契机。此外，我想取得美国注册会计师和其他美国职业资格证书，这也是开展英语学习的良好动机。趁此时对英语学习有所向往，我便马上树立学习英语的目标。大家可以像我一样，回想令自己后悔和遗憾的事情，再从中找到原因，也可认清现在的自己。大家都有一些不愿回首的往事吧？像我一样，把它们写下来，从中寻找新的学习动机吧，这是为了未来更好的自我而进行的准备。

很多人都在不断的后悔中生活。如果把悔意当成负担，我们必定负重难行。与其深陷其中，不如面向未来，开辟新的天地。树立理想目标的开始，就是坦诚接受过去的不足。

整理今后该做的事

写下理想和现实的差距后，再从过去的经历中寻找没能成为理想中的自己的原因。了解现象和原因后，今后要做的事情就会在脑海中渐渐清晰。我们不妨按如下表格的形式进行整理（列举部分）。

为实现目标制订的实践方案

理想中的自己	实践方案	实践与否
平易近人而公正地处理业务	不接受委托 不接受礼物	○
业务相关的知识储备	学习法院最新判决实例	○（每月）
阅读各领域书籍	自我提高入门	○（每年十本）
英语学习	准备托福考试	×（马上）
坚持运动	锻炼身体	○（每周三次）
进行皮肤管理	每天敷一片面膜	×（马上）
旅行	待定	为什么想旅行

在"理想中的自己"这一栏里，如果有一条是"成为有价值的人"，即成为有能力回馈社会的人，那么我们应该怎样为此而努力？平易近人而公正地处理业务，以及学习业务相关知识等，都可以帮助我们成为对社会有价值的人。如果

正在这样做，就标注"○"；如果正在等待机会进行实践，就标注"×"；如果还需要更长久的时间才能实践，就把大体目标写下来。例如，我们树立了英语学习目标后，就要写明具体需要在多长时间内完成目标，需要学习几本书才能达成目标。若能写明与英语水平测试有关的目标成绩，就更好了。

如果不知道以后该做什么，就在表格中留出空位，从"我为什么要做"开始慢慢思考。最重要的是，用这样的方式把自己将来要做的事整理出来。

促使我为达成目标而努力的秘密

哈佛大学曾针对"目标对人生的影响"这一课题，进行了学术研究。对在背景、学历和生活经历等方面具有相似性的青年们进行调查，询问他们的目标，并在二十五年后对他们所处的职位进行调查。结果显示，其中占比为27%的无目标的人群，大多成了低收入人群；占比为60%的目标模糊人群，大多成了中产阶级；占比为10%的具有短期明确目标的人群，大多成了法律、医学等各个领域的专家；占比为3%的具有长期明确目标的人群，大多白手起家，成为具有较大社会影响力的成功人士。

没有目标就没有动力。我们树立的目标包含着我们的真实想法，这些真实愿望的水准决定了我们愿意付出多少努力。内心的愿望是驱动我们为实现目标而行动的力量源泉。

我们先试着制订一个夏日海外度假计划。为了避免在度假期间被工作事务打扰，我们需要以最快的速度处理现有的工作任务。同时，为了避免在度假期间不断接听工作电话，我们需要认真完成所有工作。虽然将工作集中进行处理会很辛苦，但为了完美的假期，我们会越干越起劲，看着休假日期一天天临近，每天工作时都是动力满满的。换个角度，想着完成公司规定的年销售量时的工作状态和期待完美假期时的工作状态，是不是截然不同？两种状态下的工作态度是不是也大不相同？完美假期显然更具驱动力。即使面对相同的工作，在不同目标的驱使下，我们也会产生不同的态度。如果我们的目标是内心真正所求的，我们的效率便会大大提高。

目标达成的三个好处

第一，使人意识到学习是为自己而学。还有比上班族更讨厌学习的人吗？我们为了能顺利参加工作，已经学习了很多年，上班后竟然还要继续学习，这是多么可怕啊。尽管如此，在晋升考试迫在眉睫时，上班族仍会为了升职而埋头苦学。上班族在试图利用学习来提升职位和生活质量时，才被迫重新开始学习。树立具体的学习目标，才是重拾课本的核心驱动力。

第二，使人享受学习的过程。我们并非为了学习而活，因此我们在完成了必要的学习之后，就会果断地停止学习。只要完成能帮我们达成实际目标的学习任务就够了。在为了实现目标而学习的过程中，我们会切实地感到理想和现实的距离正在缩短。这时的我们正在享受学习的过程。只要我们稍微转变学习态度，就能享受整个学习过程。

第三，使人明确努力的方向。如果没有目标，就不能确定方向；如果没有方向，就无法确定该做什么。只有明确目标，才能勇往直前。

树立目标3:
身为上班族,学点什么好

通过树立学习目标,我们确定了生活和学习的方向。然而,我们又会面临新的烦恼。该学习什么?该考取哪些资格证书?其实,总有新的选择题在等待着我们。我自己也遇到过无数道选择题,经过深思熟虑,我慎重地在选择中再做选择。我会把我在每一次选择中汲取的经验都分享给大家。

在选择时没有正确答案

做完选择就想知道答案是否正确,未免过于心急。既然选择了一条路走下去,我们就无法知晓另一条路会通向何方。即使时过境迁,我们也无法判断当初的选择是否是最好的。我们只能在选择中前行。

很多职场中的后辈曾向我请教职业规划。其实,我作为旁观者,并不能给出最为中肯的建议。只能提醒他们在做出选择前应该考虑哪些因素，以此为他们提供帮助。

曾有一个学弟向我请教韩国公务员备考相关事宜。我反问他是否有能力通过考试，又追问他在考试合格后有何打算。其实，我也无法帮他预测他自己的未来。我该如何帮助他通过考试呢？我只能在旁督促他认真备考。假如考试合格，即便获得了相同的考试成绩，不同的人也会面临不同的工作局面。每个人的前进道路是不同的，每个人对满足感的理解也不尽相同。因此，我很难向他解释清楚通过考试的益处。我了解各级别公务员应该承担的职责，及其相关的实际工作内容。因此，我可以向他介绍公务员的实际工作内容。这些我都可以告诉他。凭借我的经验，我甚至可以告诉他，公务员的实际工作内容和考试内容并不相同。不过，我提供的这些信息只能供他参考，他仍旧需要自己做出最后的选择，并承担相应的责任。建议大家在听取他人的建议前，最好先问问自己究竟想做什么。

做出正确的价值判断

学习之前，我们需要慎重考虑：是选择做自己想做的事，还是选择做容易取得成果的事。准备资格证书考试前，我们也要考虑该资格证书是否有益于自己以后的工作，若无益，是否愿意仅凭兴趣努力备考。

此时，我们需要做的，就是了解自己真正在乎什么。价值判断是相对的。究竟是把心中所想当作有价值的事，还是把现实的外在当作有价值的事，这个判断是带有主观性的。我个人认为提高专业素质是最有价值的，因此我考取了税收审判员、会计及房屋中介等相关从业资格证书。

我们如果不清楚什么是最值得重视的，就很容易受到周围人的影响，从而意志动摇，目标不清晰。如果想摆脱选择障碍症的干扰，就必须明确自己重视的价值体现在何处。为了做出不令自己后悔的选择，我们需要考虑以下两方面内容。

第一，考虑目标实现的可能性。在做选择时，目标实现的可能性是一个重要的考虑因素。上班族考取注册会计师资格证，实现的可能性有多大呢？有些人也许只学了几门课，就知难而退了。我选择考取美国注册会计师资格证书时，就考虑到了它实现的可能性。

美国注册会计师考试和韩国的注册会计师考试相比，备考内容相对较少。考虑到目标实现的难易度，我们可以选择更加容易实现的目标。如果我们一味地追求理想而忽略现实条件，很可能会陷入失败受挫的恶性循环中。

第二，如果没有特别想考取的证书，就可以跟着大多数人做出选择。例如，选择大多数人选择的考试科目。学习人数越多，市面上的参考资料就越多。选择报考人数最多的科目也很安全，因为一旦考试时题目过难，受到影响的人数也很多，独自落榜的危险系数也随之降低。

大多数人选择学习科目前，都会经过一番深思熟虑。因此，如果没有特别想考取的资格证书，不妨跟着大家一起备考。

人会因为没做过而感到后悔

做而悔之和未做而悔之，哪种悔意更甚？假如我们在遇到意中人并表白后惨遭拒绝，我们也许会后悔地想："唉，白把心里话说出来了。"然而，如果我们将情意闷在心里，不去表白，那么我们也会后悔地想："唉，起码应该亲口表白啊。"在这两种后悔中，哪一种更可怕呢？

爱在心头口难开，入错了行业却无法离开，朋友有难却袖手旁观等等，我们都会因没做的事情而追悔莫及。我身边有一些朋友，在考大学时没能考上自己喜欢的专业，后来在工作中总是"身在曹营心在汉"，内心总在想："要是当初考上了自己喜欢的专业，要是当初选择了另一份工作，现在的生活会是怎样的呢？"

人生后悔之事大多如此。因此，何不尝试过后再谈后悔？每当有人问我做还是不做的时候，我总会鼓励他们完成心愿。如果是自己想做的事，何不全力以赴呢？只有所做之事是心中所想，我们才能在实践中注入灵魂，变得动力满满。

没有失败的选择

即使选择了自己想做的事情，也并不一定能取得成功。选择了自己想做的事，如果失败了怎么办？我们能承受那份挫败感吗？

高考时，我的志向是首尔大学和延世大学。而实际情况是，我当时的学习成绩比那两所学校的最低录取分数线低，只有提高成绩，我才有机会如愿升学。最后，我在论述科目和面试这两个环节中取得了比较好的成绩，如愿考入了首尔大学。

我相信人与人之间存在缘分。同样，我们和我们想做的事之间也存在缘分。当然，我们通过努力，一定能够向目标靠近。我为了考入理想学府而努力备考，最终取得了理想的升学分数。一旦选择了，就不要犹豫。

没有失败的选择。做出选择后，我们应尽最大努力争取，科学制订计划，谋定而后动。坚信自己的选择是最合理的，就不会在意对与错了。即便失败，也并非代表我们做了错误的选择，只是那个选择和我们无缘罢了，不要因此受挫。

趁机快速决定

大学时代，常有人将反复无常的志向挂在嘴边，却从未将其实现。几年后，他们辗转于不同的工作岗位，在盲目的学习中不断失败。长此以往，他们的选择机会将越来越少，选择余地将越来越小。

选择了一样就意味着要放下另一样吗？并非如此。深思熟虑后再做选择是正确的，但一生并非只有一次选择的机会。我们要学会观察环境，寻找机会。我的一位朋友曾选择了统计学专业，在选择辅修专业时，他又选择了经济学，后来成为注册会计师。他在会计公司工作了一段时间后，又考取了律师资格证书，现在正在从事律师工作。我也抓住了考公务员的时机，相对较早地备考公务员考试,在公务员考试通过的同时,也为自己争取了准备其他考试的时间,节省了备考费用。

快速抓住一个机会的同时,也会有其他的机会到来。在做出决定时,不要后悔,要全力以赴做到最好。这就是创造新机会的方法。

选择学习内容的三个原则

1. 正确的价值判断;
2. 抓住时机;
3. 挑战之后,再谈后悔。

激发动力1：
极简学习，需要断舍离

在学习时，我们也需要追求极简主义。简言之，要专注于有必要学习的内容。为了做到这一点，我们来整理一下思路。

思考自己想要什么

我们经过十几年的学习，苦苦熬到大学毕业，找到工作后，又被迫把"自我提升"作为学习目标。人人如此，我也不例外。

为什么我们会掉入自我提高的"泥潭"中无法自拔？因为最初的目标是错误的。社会环境向我们提出了过高的要求，我们只能聚焦于自己的缺点，拼命自我提高，成为更富有的人、地位更高的人、更聪明的人。"成功人士"的标签占据了我们人生目标的最高点，要求我们为此而更加努力地拼搏。在社会不断提高标准的同时，我们对自己的要求也越来越高，为了弥补自己的不足，只好不断地进行自我提升。在这样的环境里，我们一辈子都会存在缺点，一辈子都要不断进行自我提升。

从自我提升的泥潭中逃脱，并非易事。"别人家的孩子"会像噩梦一般，纠缠我们一生。在社交软件上看别人秀图时，我们会想："为什么别人会有这么优秀而精彩的人生呢？明明活得那么努力，为什么我的人生中没有这样华丽的瞬间呢？"我们在和别人比较的过程中，逐渐想要取得更大的成功，所以更难从自我提升的泥潭中挣扎出来。因此，不要过于在乎别人的想法，自己究竟想要得到什么，才是最值得思考的事情。

摆脱事事都想尝试的想法

达成一个目标后，我们往往会立即产生新的目标。上学时，我们在取得全班第一后，就想着下次要成为全校第一。一旦旧的目标实现，新的目标便接踵而至。"如果不去做，就会落后于人"，这种想法让我们感到不安。为了消除不安，我们马不停蹄、夜以继日地努力学习。

如果想摆脱这种状态，就要寻找自己真正想要的东西，选择必须学习的内容。我考取了很多资格证书，但并不是所有资格证书都有用。我也曾因有"考取所有资格证书"的想法而得了强迫症，也曾因过度勉强自己学习而痛苦不堪。

放弃没有必要的学习

在学习过程中,许多人会因学习而忽略一些更有价值的人生大事。例如,步入婚姻殿堂的上班族 A 为获得硕士学位而决定考研,可是由于晚上需要上培训班,他在白天的工作中总是因无法集中精力而频频犯错,他只好先把自己手上的工作交给同事处理,长此以往,他在同事间的口碑越来越差,同时,由于他对家庭生活的疏忽,妻子也常常责怪他。

在这样的情况下,我们应该考虑到,虽然研究生考试很重要,但要衡量硕士学位、本职工作和家庭之间的轻重关系。如果不能守护现实生活中更具价值的事物,果断地放弃目标也是一个必要的选择。

区分现在和未来

为了更有效地学习,我们要学会区分"现在必须做的事情"和"未来需要做的事情"。对于晋升考核,我们"必须马上去做",而对于"将来需要做的事情",我们应慢慢地筹划并不断坚持。例如,你如果觉得学习英语可以实现自我提升,就有必要利用上下班的碎片时间坚持学习。果断放下对将来没有帮助的事和并非迫在眉睫的事,那些事也许只是"别人认为有好处的事"或"试一试可能会更好的事"。

激发动力 2：
最好的时机是现在

工作时间越久，就越能认识到学习的重要性。为了幸福的老年生活，为了摆脱复杂的职场，我们需要不断地学习。但讽刺的是，当我们认识到学习的必要性时，我们才感受到学习的艰难。

我的一位正在备考美国会计师的朋友曾说："学习这种事情，不是结了婚的人能做好的。"婚后的家庭生活中需要劳神费力的事情有很多，他们实在很难将精力集中并投入学习中。随着人生阅历的增加，我们要学习的内容也越来越复杂，然而学习条件却越来越恶劣。随着年龄的增长，妨碍学习的因素也会越来越多。

有的上班族忙于公务，即使有了学习目标也无法马上行动，只能暂时停留在"想学习"的状态。虽然立刻投身学习有可能影响当前的工作，但是如果决意要学习，上班族就应该果断迈

年龄越大，学习障碍越多

出学习的步伐。我们这就来分析一下学习刻不容缓的原因。

考试难度会越来越大

考试报名人数较多的考试，题目难度将逐渐增大，通过考试的难度也会随之增大。对于竞争较激烈的考试，选拔方为了控制通过率，会不断增大考试题目的难度。为了增加难度，出题范围会越来越边缘化，出题者有可能针对新兴领域的知识提问题。因此，培训班也会为了应对新题型而增加练习题量。然而，出题者又会为了增大选拔标准而进一步提高问题难度。经过几番考题难度的调整，考试难度会急剧增大。

实际上，最近十年的公务员考试以及注册会计师等专业资格考试的复习题量比过去增加了两三倍。在特许金融分析师、美国注册会计师等外国考试中，也存在类似情况。随着应试人数的增加，考试范围不断扩大，出题难度逐渐增加。因此，能够快速应对考试新策略和快速展开备考的人，往往会在考试中取得胜利。

社会生活比学习更艰难

首尔大学法学系研究生毕业的张承修律师，曾在其于1996年出版的书中提及"学习才是最轻松的事情"。他有着非常丰富的人生阅历，曾在高中毕业后担任LPG燃气公司配送员，同时兼任出租车司机，以此赚取学费。我十分认同他的观点，与边工作边学习相比，只学习是相对容易的事。上学时，我们只是为了考取好成绩，但社会生活并不单纯，上班时要随时留意领导和同事，有些事也需要依靠运气，我们常常会遭遇不尽如人意之事。因此，在社会生活中，我们需要穿上一身结实的"实力铠甲"。当今时代，人们最需要实力。"有父母帮忙总会找到工作""只要有关系好的大学前辈就一定能找到好工作"，之前这种安逸早已一去不复返，而有着此类想法的人迟早会碰壁。好运和靠山不会永远相伴。即使依靠好运和靠山找到了好工作，如果没有实力，也不会得到领导和下属的信任和尊重。

从上学至今，我从未放下手中的书本。需要铭记于心的是：上班族不会总能获得学习的机会，我们必须从现在开始学习。

学习第二阶段,激发学习动力的四个小贴士

1. 观察周围有实力的前辈和同事;
2. 阶段性地开展学习;
3. 从关心的领域入手,获得学习动力和学习兴趣;
4. 放弃日常生活中的无用之举。

上班族学习为什么没成效

很多上班族为了提高竞争力,全力进行自我提升。无数的上班族怀着强烈的学习意愿开始学习,但取得成功的人是凤毛麟角。这是为什么?

优先顺位排列失败

上班族的学习时间并不充裕,但他们不能为了保证足够的学习时间而完全放弃社会活动和业余生活,这样并不现实。那么,我们就需要在学习期间学会舍弃。

令人意外的是,很多上班族在学习期间并不会改变做事情的优先顺序。如果不想做出任何牺牲,那么他们其实距离失败就不远了。在学习和社会生活中找到平衡点,是一件非常困难的事,我们必须放弃"鱼与熊掌兼得"的贪念。

为一棵树而放弃整片森林

我们的学习目标就是通过考试。若为了同时应付许多考试而学习,即使我们学得再刻苦也很难通过所有的考试。例如,如果上班族为了准备高考而学习,那么他们成功的可能性会很小。

有人说："我毕业于某大学，甚至加入某公司工作，这种小考试算什么？"这种人恐怕并没有考虑自己能投入多少时间来学习，就盲目设定了很高的目标。如果以这样的心态确定学习目标，很可能就会失败。我做军官时，曾见证过同事的备考过程。这些考试难度非常大，即使整天学习也未必能通过。我的同事们纷纷落榜，只有我和另一位备考注册劳务师①的同事通过了考试。

上班族如果想学习，就需要明确现实条件的制约。我们需要计算可以用于学习的时间，再精准地投入时间进行备考。我们要面面俱到地考虑业务量、上班时间、加班计划等现实因素，并计算出合理的学习时间。之后，再把所需的学习时间记录下来。最后，为了确保能够达成目标，再对学习时间安排进行全面判断。

陷入完美主义的泥潭

上班族进行备考，只能"囫囵吞枣"。有人会问，学习怎么可以囫囵吞枣？其实，这是指不能为了理解所有知识点而学习。一般情况下，资格证书考试的题目大多是专业性的问题。不论什么科目，充分理解知识点都很重要，但是如果要做到完全掌握的程度，就必须付出更多的时间和精力。如果为了充分理解学习内容对细枝末节加以学习，就很难在有限的时间内高

---

① 劳务师是指管理韩国企业劳动业务相关工作的人员。——译者注

效完成学习任务。对于某些知识点，如果很难理解，就干脆背下来直接赶赴考场。如果想在自己关心的领域中学习更多专业知识，那么可以在考试通过之后再深入学习。

比起得高分，通过考试更为重要。例如，对于注册会计师考试，每科以 100 分为满分，考生只要每科成绩都在 40 分以上且整体成绩的平均分在 60 分以上即可。下决心跃过合格线，有选择性与针对性地学习，才是通过考试的捷径。

我们并非为了考试而学习，而是为了达成自己设定的学习目标而学习，所以只要达标即可。如果不能完全理解全部学习内容，那么也可以采取"囫囵吞枣"的方法来学习。切勿陷入完美主义的泥潭而背负过大的压力，在备考时如果压力过大，容易面临考场滑铁卢的风险。

失去学习动力

学习时间越久，学习状态越容易改变。改变发生后，我们就会对学习的必要性产生怀疑。若为了升职而拼命学习汉语，一旦通过晋升考核，我们就可能认为没有必要再学习汉语了。

这也是阶段性考级人群需要应对的想法。在特许金融分析师的考试中，考生需要取得三个级别的合格成绩，而每年只有一次考试机会，因此取得全部合格成绩至少需要三年。我身边的朋友，大多只考到了一二级就放弃了。对上班族而言，的确如此。比起有助于学习的因素，妨碍学习的因素更多。我们既需要考虑结婚生子，也要考虑跳槽和退休。需要我们做的事情，会不断出现在眼前。这时，我们需要重新探讨学习的目标，重新思考自己想做的事情，从中找寻学习动力，立足于当下，再次做好学习计划。

第二章
又忙又累的上班族,该怎么学习

管好四个要素，上班族也能高效学习

对于能够享受学习过程的人而言，学习是件幸福的事。而大多数平凡的上班族会觉得学习是"令人讨厌的烦心事"。因此，利用最少的时间做到最高效的学习，是至关重要的。

"通过某某考试需要花费多长时间？"由于我从开始上班至今，取得了不少资格证书，所以身边的朋友经常问我这种问题。还有人常常问我，"要学到什么程度才能成功？"其实，学习内容、学习方法以及学习者不同，学习量也不同。那么，是不是多学习就能收获更多的成果？

伊利诺伊理工大学的雷蒙德·范尔泽斯特教授和威尔德·克尔教授以同事为研究对象，研究了科研习惯和工作成果之间的关系。结果显示，每周在研究室里度过25小时的科学家和度过5小时的科学家相比，其论文数量并没有显著性差异。而且，每周工作35小时的科学家的成果数量和每周工作20小时的同事相比，前者只有后者的一半。学习也是同样的道理。学习时间长的人并不一定能够取得更多的成果。

我在准备各科考试的时候，常抱着"少学多练"的想法，寻找能够提高学习效率的决定性战略方法。最终，我总结了四个可以保证有效学习的要素：学习时间、学习地点、学习方法、生活习惯。为了开始高强度的学习，我们需要对各个要素进行有效的管理。

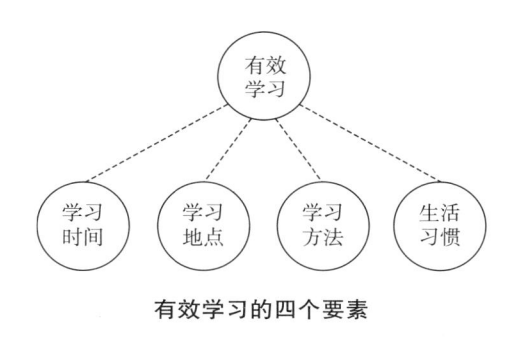

有效学习的四个要素

学习时间

比起长时间学习，我们更需要训练自己在有限时间内提高学习效率的能力。实际上，有很多人认为自己没有时间学习，既不努力也不找方法，浪费了很多时间。

在考试前几天学习的内容和在考试前一天学习的内容，哪个记得更牢？我们经常觉得"充足的时间"没有"紧张的时间"更有利于备考。比起长时间学习，在有限时间内提高学习效率，我们收获的学习成果往往更好。

上班族为了实现更有效的学习，应该更好地分配工作日和周末的时间。在第二章里,我将同大家分享,作为上班族,我是如何分配和管理时间的。

学习地点

上班族的学习和学生的学习不同,上班族没有整天学习的时间,只能利用下班后与周末的零散时间进行学习,所以我们没有必要寻找固定的学习地点。因此,我们需要思考,去哪里学习更能提高我们的学习效率。

学习方法

很多上班族会选择去培训班学习,但大多数人由于频繁的加班或聚餐而中途放弃。实际上,许多人为了学习而购买的书早已堆成小山。他们虽然因为某些原因开始学习,但是还没读完二十页书,就觉得要学的内容太多,随后失去了学习的动力。他们在学习网络讲座时,感觉题目都很简单,结果在自己面对问题的时候,又不知道从何下手。有时,要求背诵的考试相关内容多得吓人,他们甚至觉得若能把这些东西都背下来,简直是一种奇迹。

如果上班族想把学习当成一种兴趣,就需要掌握更好的学习方法。掌握良好的读书方法、背诵方法、备考方法,从而进行更加高效的学习,就可能取得更加令人满意的成果。关于这部分的内容,我将在第三章、第四章中详细讲解。

生活习惯

上班族学习，本就是一件令人倍感压力的事情。准备考试时，如果让周围的同事察觉，就会引起别人不必要的关注，使内心承受过多压力。随着学习时间的延长，压力感会越来越沉重，内心也会变得越来越敏感。朋友的一句话，细微的响动，在路上擦肩而过的陌生人等细小的事情，都会触动我们敏感的神经，使我们感到烦躁。

越是如此，我们越应该对生活中的小事进行合理的管理。正在学习中的上班族应该了解怎样保障身心健康，怎样保持良好睡眠，为了独自坚持学习应该抱有怎样的态度。状态管理和精力管理对于正在学习中的上班族而言，是至关重要的。如果管理得当，上班族就会发现学习的乐趣。

时间管理1：
了解精通一项技能所需要的时间

　　学好一门学科，究竟需要多长时间？现实情况、学习目标和各人能力不同，需要的时间也不同。为了更高效地学习，我们需要计算学习知识所需要的时间，并且制订科学的学习计划。

　　马尔科姆·格拉德威尔在其所著的《异类》中指出，不管是何种领域的世界级专家，在成为研究生之前都要进行至少一万小时的练习，这是神经学科学家丹尼尔·列维京的研究结果。此研究结果表明，作曲家、棒球选手、小说家、滑冰选手、钢琴家、国际象棋选手，以及其他领域的成功人士，在反复练习的过程中，练习得越多，表现就越好。

　　也就是说，如果想成为一个领域的专家，就需要至少一万小时的练习。一年约有52周，若一周用20小时学习，我们可以在一年内学习1040小时。如此，学习10年，大约就能达到一万小时了。想到这里,我们不禁要问,学习一门技能真的需要一万小时吗?上班族究竟该怎样规划学习时间?

上班族能否做到学习一万小时

普通上班族能在十年间学习一万小时吗?他们既要工作又要休息,还要和家人一起生活,同时要照顾自己的身体。在这种情况下,我们能否在十年间坚持学习一万小时?

下面的时间表展示了我从2007年至2016年的学习时间数据,其中不包括搜集资料的准备时间。虽然不到一万小时,但是我取得了很多资格证书,也学习了与业务相关的知识。即使普通上班族的学习时间不到一万小时,也可以取得相应的学习成果。虽然我们需要为了学习而投入最基本的时间,但是基本的学习时间并不会非常多。因此,我们无须为此担忧。

我十年间的学习时间表

年度	学习内容和结果	耗时
2007	文字处理软件一级合格 电脑办公软件一级合格 MOS认证合格	5小时/周×12周=60小时
2008	特许金融分析师(CFA) 一级合格	300小时
2009	金融财务风险师(FRM)	600小时
2010	特许金融分析师(CFA) 二级合格	450小时

续表

年度	学习内容和结果	耗时
2011	特许金融分析师（CFA）三级合格	600 小时
2012	业务相关学习（英语、法学等）	10 小时/周×20 周＝200 小时
2013	网络大学取得 12 学分（四科目）学历	2 小时/周×15 周×4＝120 小时
2014	业务相关学习（税法）	20 小时/周×8 周＝160 小时
2015	美国注册会计师合格	20 小时/周×50 周＝1000 小时
2016	注册地产经济师合格	20 小时/周×18 周＝360 小时
总计		3850 小时

※特许金融分析师（CFA）的考试在培训班（epasskorea 公开网站）学习介绍里有相关时间，剩下的时间是学习知识讲座的时间，根据我个人的经历进行粗略计算后得到。

根据学习目标来计算时间

不论怎样，我们都会觉得，每周学习 20 小时并坚持学习 10 年是很困难的事。我们不妨选择一种更容易的方法。首先，根据学习目标制定具体的时间预算。可以参考我在下文介绍的个人经验进行规划。

网络学校学分和学历的获取，或公司规定的网络讲座的学习，不应成为对生活影响巨大的学习目标。我们与其利用平时的时间，不如利用周末上午的剩余时间进行学习。例如，周末上午学习 3 小时，晚饭后复习 1 小时左右。早上学习，晚上复习，会产生做了两次练习的效果。平时基本不用将精力花费在学习上，因为工作已经非常忙碌，我们就不要因学习而给自己施加更多压力了。

网络讲座学习时间

星期	一	二	三	四	五	六	日	总计
时间	–	–	–	–	–	4小时	4小时	8小时

我们从开始备考到取得证书，至少要花费几个月的时间，有时甚至需要几年的时间。长期学习时，我们既要避免体力透支，也要收获学习成果，这需要我们合理规划时间，在有限的时间内学习适量的内容。我推荐每周学习20小时左右。每周学习20小时，是上班族坚持长期学习时应采用的最有效的时长规划。每天保持3小时以内的学习，我们利用上下班的碎片时间学习1小时，下班后学习2小时左右，在晚上11点前结束当天的学习，这样就能在午夜前入睡。可将周末分为上午和下午，每天学习6小时。我们如果尚未感到疲惫，就可以学习大量的内容。

资格证书考试学习时间

星期	一	二	三	四	五	六	日	总计
时间	–	3小时	–	3小时	2小时	6小时	6小时	20小时

学习语言，贵在坚持。我们可以在上下班的碎片时间学习1小时左右，在周末利用上午的时间参加培训班或网络讲座，这

样的安排可使学习效率更高。为了取得良好的成绩，我们需要合理调整备考的时间。

考前的集中复习应该怎样安排？以我个人的经验来说，上班族在一边工作一边学习时，每周最多能挤出35小时进行学习。然而，长时间坚持每周学习35小时是很难做到的，那将给学习者的体力带来巨大的考验。而且在周末每日学习10小时，我们也很难有时间再做其他事情。考试之前，若需要集中时间学习，也可每周挤出35小时学习。

考前集中冲刺时间

星期	一	二	三	四	五	六	日	总计
时间	3小时	3小时	3小时	3小时	3小时	10小时	10小时	35小时

周末高效学习的三个原因

以我的经验来看，每周至少学习8小时，至多学习35小时，这样更容易收获学习成果。在一周内，将一半以上的学习时间集中在周末，因为周末比平时有更多的闲暇时间。另外，利用周末时间进行学习还有更多的优点。

第一，我们能够在学习时更加集中注意力。平时，我们只有碎片化的学习时间，没有更多时间进行系统学习。即使在平时坚持学习，也会因为下班时比较疲倦，无法进入注意力高度集中的学习状态。因此，我们只有在周末时学习较难的理解性和分析性内容，才能取得更好的学习效果。

比较平时和周末学习的特征，我们可以发现二者的明显差距。首先，是时间量的差距。平时每天最多能学习3小时，而周末每天则可学习6小时以上。另外，平时经常出现的加班或聚餐等突发情况会打断学习。因此，如果想进行考前冲刺那样的短期集中备考，就需要在可以保证注意力和学习量的周末合理规划时间。

第二，即使只在周末学习，也能取得不错的学习成果。和上文提到的类似，取得网络大学的学分及学历，需要我们在周末集中精力进行学习。根据不同的目标在周末进行学习，一定会取得相应的成果。我为了适应新的工作业务而选择在周末学习，平时会为了完成棘手的业务而忙忙碌碌，到了周末才能为了提高自己的实力而学习。我主要利用网络讲座进行学习，只有在周末听讲座才不会被工作任务影响，从而尽快地集中精力进行学习。

第三，使学习步入正轨。如上文所述，繁杂的工作任务使上班族不能在平时学习比较难的内容。因此，上班族需要利用周末进行学习。在周末去培训班听讲座，或者学习内容更为深层的知识，再利用平时的碎片时间对已学内容进行复习，更能养成良好的学习习惯。因此，上班族的学习质量很大程度上是由怎样利用周末时间学习决定的。

时间管理 2：
周末学习，如何平衡学习、休息和生活

上班族在周末要发展自己的兴趣爱好，还要休息，偶尔还要参加红白喜事。在这样忙碌的周末，如果每天学习 10 小时，我们还能合理地管理体力和释放压力吗？我们内心有所期待，才能充满动力地度过有价值的一天，并不想经历又累又毫无收获的周末。因此，上班族在进行周末学习时间规划时，应专注于平衡学习和生活。我们要重点研究，怎样才能让周末的学习、休息和业余生活达到平衡。

合理分配学习和休息的时间

在学习计划中适当安排休息时间，使学习和休息两相交替，才能提高学习效率。为了能在周末愉快地学习，我们应该如何对学习和休息进行合理规划？

上班族若想在周末学习，需要合理地管理起床时间。虽然

不用与日常上班时的起床时间相似,但是也要在上午八九点起床,才能保证当天拥有充足的时间,使学习和休息两不误。上午十二点之前,需保证三小时的学习时间,上午十二点到晚上七点可以进行休整并开展业余活动。

例如,如果在上午十二点左右和朋友相约共进午餐,我们就可以在早上八点起床后,去往距离约会地点较近的咖啡店。周末上午的咖啡馆比较安静,我们可以在那里学习三小时,并在十二点和朋友见面吃饭。在下午三四点前和朋友道别,然后回家。回家后,利用一两个小时补觉,起床后吃过晚饭,时间大概是七点左右。从七点开始学到晚上十点,可以学习三小时。周末学习最好在晚上十一点前结束,如果在周末学到很晚,疲倦带来的负能量就会涌上心头。晚上十点以后,看一些自己喜欢的电视节目或电影,在午夜时分入睡。如果是周日,鉴于第二天需要上班,我们应该睡得更早些。

周末,白天的时间比晚上的时间更适合开展业余活动。如果和朋友相约在晚上一起活动,那么约会的时间十有八九会变得更长。另外,还要考虑体力因素。周末休息两天,一天外出郊游,一天室内活动,这样安排比较合理,能保持学习的精力。

根据时间划分学习重点

大脑在早上最清醒。因此,周末时我们可以利用上午的时间学习一些重要讲座或者重要书籍,这样更有利于集中注意力，晚上则可选择一些相对容易的内容来学习。我建议大家利用上午的时间解决学习中的难题，或者整理学习内容，在睡觉前复习当天所学内容。神奇的是，睡前记忆的内容比白天记忆的内容在大脑中存留的时间更久。

制作时间平衡表格

只有拥有了休息、业余生活和学习相对均衡的周末，我们才能长久坚持学习下去。我们需要将周末想做的活动和需要学习的内容制成表格。如果能够合理安排学习、业余生活和休息的时间，我们就能减少这些事情给我们带来的压力。我采用以下方法制订计划。

学习和休息均衡的周末计划

事项	周六	周日
起床	上午8点	上午8点
就寝	凌晨1点	晚上11点
上午学习	网络讲座（6—8讲） 网络讲座（10—12讲）	网络讲座（13—15讲） 金融管理内容总结
休息	参加婚礼（中午12点，江南区） 同事聚会（下午2点，鸭鸥亭）	运动 逛街
下午学习	网络讲座（10—12讲）	金融管理内容总结
休息	看电视	看网络视频

如上表所示，上午和下午各安排一次学习，并在学习过程中安排休息时间。每做完一件事就勾掉一件事，以这种方式对

日程进行管理，就能够获得一个学习和休整兼顾的周末了。

"让上班族在周末学习实在有些强人所难"，虽然有人会这样想，但是在周末将学习和休整兼顾，就能为我们创造更多的发展机会。上班族能否很好地利用周末时间进行学习和休息，将决定其未来事业的成败。

保证周末学习时间的方法

现实中,上班族在周末学习是存在困难的。即使我们知道保证学习时间的方法,付诸实际行动也是有困难的。上班族想慵懒地度过周末,这是人之常情。如果已经结婚生子,我们即使有学习意愿也很难抽出时间。我被问到的最多的问题就是:"结婚后有了孩子,照顾孩子都忙不过来,怎么可能有时间学习?"在这种情况下,别说学习意愿了,就连学习时间都无法确保。因此,我们需要身边人的帮助。

为了保证上班族在周末有足够的学习时间,"学习意愿"和"身边人的帮助"必不可少。如何才能二者兼得呢?

走出家门

正如上文所述,为了保证周末的学习时间,周末的开始至关重要。首先,起床后走出家门十分重要。穿着舒适的休闲服,去往附近的咖啡馆。或者干脆利用早晨的时间,参加培训班的学习。总之,在人多的环境中,会产生一种紧张感,学习的意愿也会油然而生。好的开始是成功的一半。

借用别人的时间

结婚后，我们需要料理家务和照顾孩子。现实生活中，如果没有家人的帮助，我们很难开展学习。我们需要获得身边人的谅解，向他们借用一些时间。我有很多朋友为了获得充足的学习时间，争取到另一半的谅解。我们可以告诉另一半，这是值得牺牲的事情，争取获得另一半的谅解。如果想有效地说服身边的人，需要用到以下方法。

第一，说服对方自己现在学习的内容也会给对方带来好处。例如，由于自己现在的工资并不是很高，需要跳槽到工资更高的公司，为了跳槽，我们需要取得一些资格证书。我们从工资收入等方面可以向另一半解释"我为什么要跳槽"，"跳槽之后能给另一半带来什么好处"等，尽量降低姿态求取对方的谅解。

第二，和爱人明确需要帮助的时间。比如，在备考时，我们需要先计划好考取资格证书需要多久，并事先告诉另一半。另一半也的确需要了解细节，才能事先安排好其他事务。因此，备考前，我们需要准确地预估学习时间，并且制订相应的学习计划。

第三，一定要取得学习成果。这一条至关重要。我们好不容易才取得了另一半的谅解，花费了大量时间学习，若没能取得资格证书，没能达成目标，很容易遭到对方的白眼，甚至以后事事都会遭人质疑。

时间管理3：
善用碎片时间，下班学习一小时

你如果是上班族，就一定听过无数次相似的建议——上班族需要利用碎片时间学习。上班族平时很难进行学习的原因除了难以抽出时间，他们也很难克服下班后的疲倦感。一旦感到身心疲倦，肯定心烦意乱，什么都没心思做。

然而，平时学习也并非不合理，利用平时的时间学习也有优点。在平时学习可以保持上班时的紧张状态，我们利用紧张感可以在短时间内完成高效率的学习。另外，平时比周末更需要做一些身体活动，以此有效地让大脑充满活力。

平时节省时间来学习，会比周末的学习效果更好。不过，我们需要了解具体方法。上班族如果想利用平时的时间进行有效学习，那么首先要思考平时的时间都浪费在哪些事情上了，最大程度地降低精力的消耗，利用平时浪费掉的时间来进行学习。

保证每天学习三个小时

平时每天学习三个小时以上有些奢侈。早上七点起床，上午九点工作，下午七点下班，假设这就是上班族的一天。下班后，晚饭和洗漱过后，就到了晚上八点多。即使马上学习，学习三个小时也是有难度的。如果还有聚餐或加班等安排，就很难在下班后学习了。

我们把平时能够学习的时间看作三个小时，并按照这个时间计划学习的内容。平时如果想保证学习三小时，就要充分利用上下班时间、午休时间以及其他碎片时间，而且必须保证每天下班后仍有一个小时的学习时间。

晚起快出门

上班族普遍都是"早起困难户"。如果我们每天为了学习而早起，那么恐怕精神状态会受到影响。这样做既影响工作又影响学习，倒不如晚起快出门。

我在每晚就寝前都把第二天要拿的东西放在家门口。早上起床后，所有的出门准备工作一气呵成。打开电视，边看新闻边刷牙洗漱。在护肤间隙更衣，边吹头发边吃早饭，或者干脆在上班途中边走边吃。我并非让大家都像我这样，我只是希望大家能根据自己早晨的安排，尽量节省出来一些时间。在我以这样的方式进行出门准备后，足足节省了一半的时间。

利用上下班的通勤时间

上下班的通勤时间是最容易被利用的。我们可以根据上下班的交通工具来安排不同的学习活动，比如看书（地铁出行），用手机看视频课程（公交、出租车内）。

如果你乘坐地铁上下班，就可以坐在座位上看书。建议大家错峰出行，这样比较容易找到座位。如果你乘坐公交车上下班，有可能由于车辆晃动而晕车，所以我建议你利用手机听一听英语听力，或是复习平时的学习笔记。在无法集中注意力的环境下，进行单纯的背诵会更有效果。

选择步行或自驾上下班的朋友，恐怕很难在通勤时利用手机学习。虽然听英语无须利用双手，但我们在开车时如果注意力不集中就会有出车祸的危险，因此驾车时就不要分心学习了。

我们如果选择步行上班，就可以把今天要做的事情在头脑里整理一遍，在等红绿灯时，把整理的内容用手机记录下来。同样，在走路下班时也可以充分利用手机软件听新闻等。总之，我们要积极有效地利用上下班的通勤时间学习。

在不同的时间段安排不同的学习重点

即使是碎片时间，我们也可以根据不同的时间段，安排不同的学习重点，这样才能使学习更有效率。午饭时间，快速吃完饭，我们可以利用三十分钟午休时间来学习。如果这时的办公室很安静，我们可以看书或者听线上讲座。在吃午饭的时候，由于办公室的气氛活跃轻松，我们可以利用这三十分钟观看一些简短的讲座，学习一些用时短且相对简单的内容。

工作中总会有一些等待时间。我们往往不确定要等到何时，如果不在办公室里，就很难进行学习。这些时间段里，我们可以背诵英语单词，或者将笔记内容进行简单整理并随时携带便于复习。如果笔记不方便携带，就利用手机来学习。

下班后吃晚饭的一瞬间，我们可能会感到疲倦。在某些时间内，即使学习也很难集中注意力。这时我们要选择即使效率较低也能学得进去的方法。例如，观看网络讲座。我建议大家每隔三十分钟听一段一个半小时到两个小时的讲座，听完后在十分钟内对其内容进行总结。如果实在太累，建议大家在需要集中注意力学习前，先休息一下。

丢掉深夜学习的执念

我们最好能在晚上十点（最晚十一点）前结束学习，并保证在睡前有一到两个小时的休息时间。平时，在工作和学习并行时，我们也需要安排可以进行自我休整的空隙时间。在睡前利用一到两个小时玩游戏或看电视，以这样的方式休息，第二天我们才能提起兴趣继续学习。

下班较晚时，我们可以把当天的计划推后。度过了疲倦的一天，如果我们还要勉强完成学习目标，甚至学到很晚，第二天便会因此感到压力倍增，甚至倍感疲劳，导致无法继续坚持学习。如果当天忙碌且疲倦，晚上就不要考虑太多，好好休息即可。

整理时间表以保证足够的学习时间

确保平时拥有足够的学习时间是至关重要的。我们把学习计划制成如下表格，会更有帮助。

时间表

星期	上班		午饭时间		下班		下班后		其他	
	时间	内容	时间	内容	时间	内容	时间	内容	时间	内容
周一	40分	总结	30分	讲座复习	40分	总结	2小时	讲座学习	20分	英语单词记忆
周二	40分	英语单词记忆	30分	讲座复习				会餐		

时间管理4：
百忙之中挤时间，高密度学习

我们真的能在忙碌的工作中挤出时间吗？在韩国中央机构中，有一个非常忙碌的职位——长官随行秘书。而我亲眼见过一位长官随行秘书在百忙之中挤出时间学习英语，最后取得了较好的托福成绩。不管多忙，我们都可以下决心学习，而且我们的决心越大，学习成果可能就越大。

我的经历也告诉我，这是可行的。尽管可以利用的时间不多，我们也许难以收获巨大的成果，但这其实就是为了自我提升而迈出的关键一步。我们越是忙碌，越需要战略式的学习计划，其核心问题就是观察分析我们的工作环境，并以此为基础量身定做一套科学的学习计划，从而进行高效的学习。

分析工作环境

以长官随行秘书为例，由于职位的特殊要求，他们每天都需要早出晚归地执行任务，并时刻待命，即使在周末也很难有休息时间。虽然工作如此忙碌，但他们也有一些等待任务的空闲时间和休息时间。尝试对工作环境进行分析，然后找出可以利用的学习时间。

第一，把握工作性质。工作地点在哪里，是否经常有外勤工作等，我们需要提前了解这些工作性质。随行秘书需要到处活动，由于工作的移动性很强，他们无法保证手边随时都有可供学习的书籍。对此，需要找出对策，选择其他学习方式。

第二，找到可用的学习时间。由于其工作特性，随行秘书难以找出充足的学习时间，可以以每周学习三个小时为目标，制订学习计划。

第三，找出可以集中注意力的学习时间。在较短的时间内学习大量知识，需要我们的注意力高度集中。随行秘书在周六的上午相对清闲，因此可以利用这段时间学习需要高度集中注意力的内容。

根据工作情况确定合理的学习目标

在对工作环境有所了解后，我们基本确定了学习时间，然后可以开始确定合理的学习目标。根据目标的实现顺序，对每一个阶段进行详细的安排，就可以找到需要最先开始学习的内容。

第一，设定最终目标。我的目标是考取美国注册会计师资格证书。尽管在百忙之中达成这个目标绝非易事，但是即使只能取得很小的成果，也会使我坚定今后的学习道路，并且达成最终目标。在努力争取的过程中，我们才能得到锻炼。

第二，为了达成目标，先明确自己已具备的条件和实现目标要求的条件。美国注册会计师资格考试中，学分的取得尤为重要。我考取的加利福尼亚州注册会计师资格证书对于学分的要求是经营学 24 分，会计学 24 分。

第三，立足于现实情况，从能做到的事情开始入手。在正式备考前，为了满足应试条件，报名网络大学获取学分。在每周可以抽出三个小时进行学习的情况下，通过网络大学补足学分是完全可以实现的目标。

学习是积少成多的过程

我在百忙之中取得了备考美国注册会计师所要求的学分。通过对工作内容的分析，在休息时间中找到学习时间，对于达成学习目标非常有帮助。时间就是金钱，在百忙之中找到的碎片时间就是金子中的沙金。沙金也是金，小小的沙金聚集起来就能变成金块。我们只要找到令沙金聚集成金块的方法，就可以积少成多，取得成果。

在工作繁忙时想要高效学习，就需要对工作环境进行分析。经过分析之后，我们再制订合理的学习目标，并摸索出科学的学习方法，就能痛下决心、努力拼搏了。忙碌的上班族若想进行高效学习，就要先对工作环境进行分析，再进行战略式备考。

创造学习时间的三个技巧

上班族朋友们向我咨询的最多的问题，就是"学习时间从何而来"。我回想自己的学习经历，在认真思考之后，为大家总结出了三个节约时间的技巧。

积极使用机器劳动力

在日常生活中经常使用机器劳动力。我们只要找出最有效率的利用方法，再运用到平时的工作和生活中，就能节约我们的时间。首先，我们需要区分机器能做的事和需要我们亲自做的事，在计算出机器的运行时间之后，再确定我们的行动顺序。

例如，下班后我们可以利用电饭锅煮饭的三十五分钟做其他事情：先洗个澡，然后在看电视时做几个小菜。假设做完这些我们用了二十五分钟，在剩下十分钟里我们可以把当天要学习的内容整理出提纲。像这样，在日常生活中，利用机器劳动力为我们节省出学习时间。

节省转换成本

转换成本是指从目前所进行的事务转换到另一件事务之间

所产生的成本。我们的生活中也存在这种"转换成本",例如,上班到达办公室后,我们往往不是马上进入工作状态,而是先和同事们打招呼,交谈一番,然后再开始工作。此时,从与同事们交谈转换到进入工作状态所需的时间就可以称之为"转换成本"。某研究结果显示,这种转换成本使公司运营效率下降20%~40%。

怎样降低转换成本?比如,我们可以在上班途中整理出当天的工作内容,一到公司马上开始工作。养成习惯,就可以降低转换成本,提高工作效率,并且节省出学习时间。

将小事一次性完成

假如每处理一件事消耗一百分钟,如果同时做两件事,就相当于每件事只消耗五十分钟,这样就能节省一半的时间。

我一般在下班途中给朋友们打电话,会一边看电视一边吃饭,也会在上厕所时看网络新闻,了解这个世界是怎样运转的。另外,我还会边运动边学习英语。把两件事合并成一件事,这个习惯,为我保证学习时间提供了很大的帮助。

地点管理：地点决定你的学习效率

在我初入职场准备开始学习之时，由于在家里无法专心学习，我只好外出学习。当时，我走进家附近的咖啡馆，发现里面十分嘈杂，只好走了出来。再走几步，我发现了另一家咖啡馆，但是咖啡馆太小，如果留下来过久地占用座位学习总会觉得不好意思，只能再走出来。由于没找到适合学习的咖啡馆，我便开始寻找适合学习的市立图书馆，用手机查询位置，结果发现距离太远，只好放弃。最终，我又返回了那个嘈杂的咖啡馆。为了找到适合学习的地方，我浪费了一个多小时。

为了避免再次发生这样的事情，我在学习前就物色好了附近两家适合学习的咖啡馆，也找到了一家比较适合学习的市立图书馆。我经常到地铁站附近的一家连锁咖啡店学习，那家店每天早上七点开门，我便可以早早去学习并在安静的二楼挑选合适的位置。如果那家咖啡馆的顾客较多，我就去巷子里的另一家更安静的咖啡馆学习。

我们在学生时代主要在学校或图书馆学习,没有任何挑选学习地点的烦恼,但是上班以后就不得不考虑"在哪里学习"这个重要的问题了。每人都有不同的学习方法,选择的学习地点也不尽相同。学习地点不同,学习效率也不同。下面,我们利用这个表格来说明选择学习地点的标准。

选择学习地点的标准

分类	说明
距离	能否在二十分钟内达到
环境	卫生间是否干净,座椅是否舒适
氛围	是否安静,是否有利于学习
价格	价格是否适合我们多次光顾
其他	有无定期休息日, 充电插座是否够用

分析学习地点

适合上班族利用的学习地点,大多是咖啡馆、图书馆阅览室、家、读书室[①]、公司等。我们来分析一下,各个地点的优缺点和利用方法。

咖啡馆里的气氛比较自由,我们可以边喝饮料边学习,这里适合进行比较轻松的学习。大部分居民区附近都有咖啡馆,它们大多环境清幽且方便寻找,因此,那里比较适合我们写作

---

① 韩国高中生为了备考可以 24 小时学习的自习室,但需要缴费及办理证件。——译者注

文稿或学习一些简单的内容，不太适合我们进行长时间的学习。咖啡馆毕竟比较嘈杂，不利于我们集中注意力。咖啡馆里播放的音乐和身边客人聊天的声音，都会影响我们学习的效果。另外，每天都去喝咖啡，也是一笔不小的开销。我一般都是在外勤、工作间隙，或者假期在家里实在学不进去时，才会到咖啡馆学习。建议大家在咖啡馆学习两三个小时即可，因为我们能够集中注意力的时间比我们想象的要短。

图书馆一般都是免费的，而且很安静，适合我们进行长时间学习。因此，我主要在图书馆进行学习。韩国图书馆大多在一楼设有价格便宜的馆内食堂，可以在那里用餐。我们还可以在某些图书馆申请保管箱，用于暂存物品。但是，如果住处附近没有图书馆，就需要考虑来往于图书馆的时间成本。图书馆也有定期关闭日，我们应提前查清楚，避免白跑一趟。

在家里学习，需要抵抗很多诱惑。电视、游戏等各种诱惑会向我们招手，使我们无法集中注意力学习。而且，我们在家里时，总想着好好休息。所以我不建议大家在家长时间学习。但是，上班族下班后往往没有合适的学习场所，去咖啡馆总觉得奢侈，但附近又找不到免费的图书馆。这时，恐怕我们只剩下在家学习这一个选择了。

在家学习的最大优点是能边休息边学习。我们可以坐在按摩椅上观看网络讲座，舒舒服服地学习。对在家学习者而言，有没有集中注意力的方法呢？下面，我把对我有帮助的方法分享给大家。

在家学习时应遵守的生活准则
·区分学习和休息的空间
·不进行过长时间的学习
·每天外出一次,既可转换心情,又可调节状态
·在规定的休息时间以外坚决不开电视、电脑

读书室既安静又舒适,适合我们进行长时间学习。而且读书室没有定期关闭日,开放时间较长。由于使用费用相对较高,不适合每天都去。这正好适合只能抽时间学习的上班族。我推荐上班族利用周末去读书室学习,这样可以确保一天的租用费得到充分利用。我在备考美国注册会计师考试的最后阶段,就是利用周末在读书室整天学习的。

上班族也可以在公司学习,没有什么地方比公司的设备更齐全了。只不过,最大的问题在于,如果在公司学习,自己的提升计划就很容易暴露在同事们的眼前。由于我不太想让公司同事知道我在学习的事情,所以一般情况下我都不会在公司学习。午休时,我也故意隐瞒自己备考的事实,不会告诉同事我正在学习。

如果下班后还留在公司,手上的工作就有越做越多的危险。在公司留到很晚,就有可能在处理自己手头工作之外,还要帮助同事处理工作。另外,如果下班后不马上回家,就会被一些同事问"留下来干嘛"或"不如我们一起出去喝一杯"

等问题。因此，公司不仅是令人无法学习的地方，更有可能是很危险的地方。

根据情况更换学习地点

上班族应把学习地点分为平时的学习地点和周末的学习地点。为了备考，我平时在家学习，周末就去图书馆和咖啡馆学习。

另外，根据不同情况来选择不同学习地点，事先决定学习地点可以节省出很多碎片化的学习时间。周末参加婚礼和聚会时，各个活动之间也会有一些空余时间。我会提前查找附近市立图书馆的位置，有了空隙时间就跑过去学习。

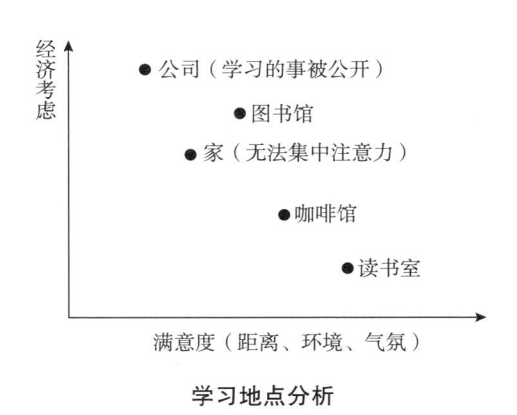

经济考虑↑
● 公司（学习的事被公开）
　●图书馆
　●家（无法集中注意力）
　　●咖啡馆
　　　●读书室
→满意度（距离、环境、气氛）

学习地点分析

第三章
专为上班族打造的极速学习法

学习方法1：
合理分配任务，精简学习量

我们去书店寻找专业书籍时，几乎找不到少于五百页的资格证书备考书籍。资格证书备考书籍大多非常厚重。例如，电脑实务操作一级笔试专用书籍约有一千页，房地产咨询师每个科目的资料有七百到八百页。在决定认真学习，并跑去购买专业书籍后，我们的学习欲望往往会被巨大的学习量熄灭。

大部分上班族每月也许只有二十天可以学习，即使每天学习五十页，看完一千页的书籍也需要足足一个月的时间。如果平时每天学习三小时都有困难，那么一天读完五十页，绝对不是一件容易的事。上班族一个月看完一本专业书籍，是比较困难的。即使拿着专业书硬磨，他们也有可能觉得学习没有丝毫进展，从而失去学习欲望。因此，对于上班族而言，"面对如此多的学习量，怎样分配学习任务"是很重要的问题。

我们需要认识到，没有人能一次性记住很多知识，应当从实际出发来合理分配学习任务。我们没有必要理解书上的所有内容，只需要把书的内容进行概括总结，记住核心知识点。另外，为了保留学习欲望，我们应劳逸结合地分配学习任务。

丢掉理解所有内容的贪念

学习时最应该避免的陋习，就是仔仔细细地阅读书上所有的内容，妄图一次性读懂所有知识点。许多人错误地认为，只要认认真真地阅读每个细节，就能把所有的知识点都牢牢记在心里。在这种错觉下，我们一遍又一遍地反复阅读，直到完全理解和消化。但是如果一直以这种方式学习，我们在有限时间内的学习量就会越来越少。如果阅读得过于仔细，阅读速度就会越来越慢，最终导致我们失去阅读兴趣和耐心。一次就读懂一百页是不可能的事，我们只需要理解核心内容即可。

在阅读时，我们可以采用分段阅读的方式，给每个段落设定阅读时长，时间一过就翻到下一页继续阅读。如果读了两遍还不理解，那么不如放下眼前的章节，先翻看后面的内容。刚开始学习时，我们先不要针对比较难理解的部分死记硬背。

很多朋友在读书时，抱着"我一定要马上理解所学内容"和"如果不理解这些内容我就会很烦"的心态，对文章进行翻来覆去地阅读。在反复阅读相同的内容之后，有可能不仅耽误了学习的进度，也丧失了学习的欲望。我们在准备考试，为了考试而学习，并非为了满足好奇心而看书。

我们如果在备考时，心里装着竞争对手，就会因胜负欲而背负学习的压力，拒绝面对无法理解知识点的自己，从而大大影响自己的学习进度。不妨换个角度想想，如果某部分内容的确很难理解和记忆，那么我们不如将这部分知识的学习放到后面，再次学习时，也许更有思路。

合理安排每日学习量

若想在每日的学习中有所收获，我们就要安排合理的学习量。我的一个来自首尔大学的朋友说，在确定了每日学习量之后，他宁可不回家也要完成任务。尽管上班族没有必要做到这个程度，但只有确定了每天的学习量，我们才能在这个基础上进行合理的调整。

在安排学习量时，有一些注意事项。学习之前，我们需要确定学习的重点，然后充分理解核心内容。否则，即使投入许多时间，成效也堪忧。如果没有侧重地学习书上的所有内容，就有可能使学习效率降低。在一开始看书时，把书上的核心内容设定为学习目标，我们便没有必要理解所有内容，只需要挑选核心知识，有针对性地学习和理解，而对于书上其余的知识，略微带过即可。

另外，对每日学习任务的安排要符合现实。我们常常会过高地评价自己的阅读能力，并确立一些不符合现实条件的目标。实际上，它们有可能已经超出了我们的实际能力。对于不符合自身实力的过高目标，我们需要重新设定。有时，我们会过于乐观地预测学习某个科目需要的时间，结果实际学习时消耗的时间比预想中多出了很多。

心理学家罗杰·比勒让正在写学位论文的大学生们预测完成论文的最短用时和最长用时。学生们预测的结果是，最短用时24.7天，最长用时48.6天。然而，只有30%的学生在自己的预测时间内完成了论文，而大部分学生耗时55.5天才完成论文。同理，我们需要在现实条件下安排符合自身能力的学习量。按照我们制订的学习计划，坚持学习，我们就可根据个人能力逐渐增加学习量。

根据目录对阅读内容进行概括

在学习时，我们不能只为了完成一天的阅读量而盲目读书。在阅读前，根据目录对书中内容进行概括，然后针对重点内容仔细阅读。在概括核心内容的过程中，达到精简学习内容的目的。

为了有效概括学习的内容，我们首先需要了解自己的学习起点。每本书在结构上都有连贯性。如果很难理解某个段落，我们就可以从整本书的目录入手，在整体内容中体会本段落的写作目的，从而对其内容产生更深的理解。我们以下面的文章为例，说明具体方法。

作者的观点是否正确

如果作者对某一知识点的阐述不太准确,那么可能是由于他对这个观点存在相反看法,或者是因为作者知识储备不足等其他原因。当作者对某观点存在相反看法时,他可能会使用假设或夸张的方法对其进行阐述。

……………

由于缺乏相关知识背景而提出错误观点,和由错误理解得出错误结论,这两种现象造成的结果其实是相同的。缺乏相关知识背景,会造成无法解决问题或无法证明结论的局面。另外,在错误的假设中,我们往往也会得出错误的结论。总之,作者知识背景的缺乏或对观点的误解,是作者提出错误观点的原因。

我们在阅读类似文章时,会感到难以理解。但是,我们只要读懂了"作者的观点是否正确"这一小标题,就能对整个段落的核心内容有所推断。我们可以将这样的办法应用到今后的学习中。

若想尽可能地减少阅读次数,就需要学会概括。我们可以假装自己要为别人讲授知识,并像备课一样把自己的讲解思路写在本子上。于是,复习笔记时,我们就能对核心内容一目了然。我们可以把上文内容进行概括:在探讨作者的观点是否正确时需要注意，应当仔细学习与结论相关的背景知识，如果我们对知识的理解是错误的，那么我们便无法对其进行论证，对知识的错误理解将直接导致错误结论的出现。

我们在准备考试时，要明白出题内容是学习的核心。阅读过相关专业书籍后，我们在解题的过程中就能逐渐找出重点学习内容了。如果我们能把历年真题的核心考点进行概括，就能更有重点地高效学习了。确定目标学习量，概括核心内容，反复尝试，一定能在每次学习中有所收获，也能将所学内容高效记忆。

学习量较大时需要遵循的行动法则

1. 将阅读目标设为平时阅读量的1.2倍；
2. 设置时间限制，放弃在规定时限内无法完成的阅读内容，直接阅读下一部分；
3. 以模拟讲解的方式，概括核心内容；
4. 如果无法概括，就再次仔细阅读相关内容。

学习方法2：
抛弃低效的记忆方式

在参加特许金融分析师第二级别考试时，我在考场外看到有人手里拿着写得密密麻麻的笔记本和画得乱七八糟的书拼命地背诵，这一看就是那种"最拼命学习的人"。但是仔细想想，他真的能背下所有内容吗？

不管我们对于问题有多么深刻的理解，如果没能背下答案，就很难提笔作答。相反，即使只对知识有基础了解，若能在考前把题目一一背过，也能拿到不错的成绩。记忆力对于工作而言，也非常重要。在工作中被公认为高工作效率的人，一般都是注重细节且记忆力强的人。如果记忆力差，就有可能在工作时忘东忘西，工作效率也会很低。记忆力对工作和学习都起着非常重要的作用。然而，有时即使我们拼命背题，也拿不到好成绩。这是因为每个人记忆的方法不同，考试成绩也会有差异。采用何种方法进行记忆，成为能否取得高分的关键。对此，我们应当认真思考一番。以下几种错误的记忆方法会造成较低的成绩。

不管不顾地照抄

大家也许都听过"誊写"这个词，就是把要记忆的单词统统写在纸上进行记忆的方法。我们在上学时，老师也会偶尔给我们布置这种手抄作业。其实，有些学生即使抄写很多遍也无法提高学习成绩。这是因为那些学生只会动手把单词誊写在本子上，根本没有用心去记忆所誊写的内容。如果只采用这种方法来记忆，恐怕既会累到手臂疼痛，又会耗费很多时间，却记不住学过的内容。

通篇背诵文章

背单词比背书更容易，这是因为大脑的记忆量是有限的，内容越短小精悍，我们记得越牢固。我们不妨来尝试背诵下面这段文字。

> 李舜臣舰队在阴历五月七日，于玉浦，经过三次进攻，歼灭倭寇舰队四十余艘，大获全胜。李舜臣凭此战功被朝廷册封为嘉善大夫。阴历五月二十九日，李舜臣在泗川海战中遭受敌舰炮弹攻击，肩膀负伤，但他丝毫没有动摇，继续发起进攻并取得了此次海战的胜利。在阴历六月五日的唐项浦海战和阴历六月七日的栗浦海战中，他率部

歼灭七十二艘敌舰,被朝廷册封为资宪大夫。

若要背诵上文,我们恐怕需要付出很多努力。因此,为了更高效地记忆核心内容,我们需要设定明确的学习目标,记忆文章的核心词汇。以上文为例,我们把李舜臣的战绩与官职作为重点内容进行记忆,选出核心词汇,例如,57 玉浦、嘉善大夫、529 泗川、65 唐项浦、67 栗浦、资宪大夫(数字代表日期)。背过之后,即使不能完全记住全文,也会在头脑中留下印象。

背过就丢掉

背诵是无聊的。所以很多朋友在背诵过后,就立刻丢掉背过的内容,再也不想看上一眼。但是德国心理学家赫尔曼·艾宾浩斯经过研究表明,人们记忆的内容会在一小时后遗忘50%,在七天后忘掉80%。不管我们背诵得多么完美,最终都会忘记。因此,我们在完成背诵之后,仍要不断地复习背诵过的内容。

不求甚解的背诵

不管要记住什么,如果没能完全理解所有内容,就很难将其记忆。我们只有了解了整体内容,才能找到文章的前后关系,在大脑中留下较为深刻的印象。比如,学习经济学时遇到的"市场失灵"这一概念,是指通过市场不能实现资源的最优配置。但是实际上，常常伴随这种经济现象出现的，还有外部效果、公共资源供给过少、贫富差距等问题。此时，政府会介入并制定各种政策。而在政策执行过程中，也有可能出现政府调控失败的结果。我们在对"市场失灵"这一内容了解后，就会意识到需要同时背诵外部效果等更为细节的内容。

如果因害怕困难而放弃理解，选择死记硬背，在考场上就会因为紧张而头脑一片空白，丝毫没有思路。由于我们需要把握概念的整体内容，并分析概念与概念之间的关联性，我建议大家使用思维导图（将内容分类处理并图示化，在结构性基础上把握概念之间的联系）来帮助记忆。

消极应对

如果不积极努力地记忆所学内容，那么我们花费的时间都将付诸东流。记住所学内容之后，我们需要通过解题练习（将所学内容在习题中进行活用）来检验记忆的牢固性。

就学习效果而言，解题优于反复阅读、反复记忆，对此我可以找出很多佐证。来自斯坦福大学的心理学专业研究组将80名学生作为研究对象，让这些学生记忆解剖学相关概念。在任务布置的两天后，对他们进行考试，结果显示，进行过习题练习的学生比没有进行过习题练习的学生多记住了20%的概念。因此，死记硬背不如先理解后应用，后一种记忆方法能更有效地提高学习效率。

学习方法3：
适合忙碌上班族的高效记忆法

在众多记忆法中，反复记忆、反复誊写和解题练习等，其实都需要我们投入大量的时间和精力。但是这种对相同内容进行反复记忆和抄写的办法，不太适合上班族。我们需要放弃这种投入大量时间和精力的记忆方法，并寻找符合上班族学习时间特点的记忆方法。

由于许多上班族为需要记忆大量学习内容而焦头烂额，我愿献上自己的学习经验，并与大家分享我身边朋友的特别记忆法。这些记忆法其实与传统记忆法如出一辙，不过它们更为忙碌的上班族考虑，掌握其中的小技巧可使上班族根据工作环境因地制宜地提高记忆效率。

去除非核心词汇

我们可以适当减少内容中的非核心词汇。由于大脑记忆能力有限,所以最好只背核心内容。例如,"韩国政府为了保障低收入家庭的居住权益,提供了国民廉租房,廉租房的租金低于租房市场平均值,其差额可以作为廉租户的家庭基础设施购买补贴",在这篇文章中,"韩国政府为低收入家庭提供廉租房"人人皆知,是不需要我们背诵的,我们只需要记住住房租金的相关内容,并可以将其整理为"廉租房:租金<市场租金⇒差额补贴效果"的形式进行记忆。

以"A 是 B"的公式进行记忆

如果内容很复杂,我们也可以把文章整理成"A 是 B"的简单形式进行记忆,从而增加大脑的一次性记忆量。例如,"长期全租住宅,是指韩国政府、地方自治团体、韩国土地住宅工程和地方工程等,以租住为目的建设或购买的住宅,是以二十年为居住期限,采用全租形式外租的租用住宅"。我们可以把这篇文章改写成"长期全租住宅由韩国政府、地方自治团体、韩国土地住宅工程和地方工程租用,长期全租住宅居住期限是二十年"的形式,这样记忆起来会相对容易。

只记一半

有时,我们可以只记忆一半的内容,没有必要对另一半内容进行记忆。例如,在经济学中有"替代品价格上升导致需求增加"这一内容，如果记下了这个内容，就没必要连"替代品价格下降导致需求减少"这一反向论述一起记忆。

记住内容所在位置

我在担任随行秘书时，因工作需要必须记下诸多领域的内容，这样才能确保快速准确地完成任务。我需要牢记所有的工作安排，每当长官问起时，我都要快速做出回答。我还需要掌握每个月的工作计划以及数百名职员的人事信息，甚至连每天具体工作内容的变动等，都要做到随问随答。另外，在工作时报告的内容必须准确无误，小错误会导致大问题。

因此，我的工作方法就是将这些内容按照不同领域进行分类，分别记在随身记事本上，被询问时就找到相关内容进行回答。需要强调的是，我们必须记住相关内容的位置。如果记住了位置，就能快速准确地找出答案。这需要我们对学习内容进行准确分类，并熟悉不同的分类标准。

我习惯于按照日程（日日程，月日程）、今日所需资料、人事文件、新闻报纸简报、特别话题企划案、各机关联系方式、参考材料等进行分类，再标注出今日必需材料、可能会用到的材料，以及以前查过的材料位置。之后，记住在哪里记录了哪些内容，以便在工作中随时查找。

这个方法适用于没有复杂人际关系，只需要查找不同领域资料的情况。应用在学习上，这种方法更适用于网络大学学习，公司进修线上讲座学习，以及开卷考试中。

我将这种分类记忆方法应用于网络大学[①]备考复习。在开卷考试时，我们只需要记住目录，在考场上就可以快速找到对应章节，就能应对考试了。如果在备考开卷考试，我们就没有必要背过书上的内容，而只需要知道问题的答案在书上的哪一部分，就能在有限时间内完成考试。在这种情况下，我向大家推荐"记住内容所在位置"的记忆方法。

记住内容所在位置记忆法的优缺点

·优点：无须全部背诵也能快速找到答案

·缺点：在按照分类标准进行内容整理时耗时较长

使用不同记忆法得到不同的学习效果

[①] 韩国网络大学比较正规，有些重点高校也开设网络大学。——译者注

通过关键词联想内容

一位在首尔大学经济学专业排名第二的朋友,曾向我介绍过他的记忆法。他会在课前预习,在听课时记下教授所讲内容的关键词,课后在复习笔记关键词时联想课上所学内容。每次上课,他都会重复这样的过程,并在复习时从头到尾地串联课程内容。我们在利用这个方法时,可以利用关键词把学过的内容串联起来,在最短的时间内复习大量内容。在反复回想的过程中,我们可以反复巩固学过的内容,从而在最短的时间内记忆大量内容。需要注意的是,我们最好能在当日掌握新学的关键词,再利用新鲜记忆,把这些核心词汇串联起来。以后,我们只要看到核心词汇,就能联想起学过的内容。在上完网络课程后,花五分钟左右的时间整理关键词,这比对整体内容进行整理更节省时间,也能使我们更快地记住学过的内容。仔细想想,就会发现这种记忆方法是非常高效的。我们再看一下相关提示。

第一,山口咲子在她所著的《一等记忆法》中提出,对于重要的单词,我们在至少反复记忆五次后,才能把它们长久记住。课后,反复记忆当天所学的内容,才能把所学知识牢记于心。

第二,根据关键词对当天所学内容进行联想。为了更快地想起所学内容,我们需要如快捷键般的"装置",而关键词就可起到这个作用。我们只要把关键词牢牢记住,就能快速想起所学内容。

第三，对关键词进行整理和记忆，就是对所学内容进行高度浓缩，这可以减轻学习负担。我们如果只记忆核心词汇，就可以在三十分钟之内将一整天所学的大量内容进行记忆。

这种关键词联想记忆法很适合上班族在看书、看报、看新闻时，将所需知识进行记忆。有时，我们在想要提出自己的见解时，想不出准确的用词或表达，因而失去了发言的机会。为了避免这种尴尬，我们可以利用关键词记忆法，把过去读过的文章记住，以后在聊天时就可以从头脑中搜寻关键词并联想相关实例作为我们的谈资，从而使我们在聊天时占据主导地位。在关键词联想记忆法中，关键词就是能够让我们记起通篇文章的"快捷键"。平时，我会把一些经营学书籍或自我能力提升类书籍中的核心词汇、统计数据和实例等，储存在手机上，以备闲暇时浏览。由于我记录的大多是关键词，所以复习量比较少。如果在聊天时提到了曾经学过的内容，我会看看手机里记录的关键词，再自然而然地加入大家的热烈讨论中。

这种记忆法的使用，是有前提条件的。我们需要具备筛选学习重点和快速把握关键词的能力。如果学习经验不足，我们就很难对书中的关键词做出快速筛选。为了熟练掌握这种记忆法，我们需要进行更多的相关练习。

关键词联想记忆法的优缺点

·优点：只需记忆少量内容就能掌握大量信息

·缺点：需要坚持训练快速把握关键词的能力

三步学习法帮你适应新工作任务

我想尝试从事税务相关工作，因而自行申请到税务法庭参加工作。在我刚开始在税务法庭工作时，由于没有相关经验，对税务知识又知之甚少，曾一度深感迷茫。其实，这种迷茫的感觉并非第一次出现。我在刚刚完成研修院的学习后，被调入政府政策协调办公室工作，那时也曾感到十分迷茫。我在被任命为军官后，接到的第一个工作任务来自海军本部，那时我也倍感迷茫。闻所未闻的词汇与陌生的组织文化，都给我的工作带来了困难。这些情况，对于身为上班族的我们，是工作和生活中的必经之事。如果能遇到愿意指导自己的前辈和懂得照顾下属的领导，那么自然是幸运的。但是，在真正执行任务时这样的概率并不大。我们需要依靠自己的力量学习。

在我来到税务法庭的第一天，我看到自己的工位上摆满了税务法典、税法、会计学教材、业务说明书、业务一览表和需要处理的事件材料等。把这些资料全摞起来，可能比我还高。这时我应该从哪里入手？现在我就向大家介绍一下，为了适应新的工作岗位，我们需要掌握的三步学习法。

第一步，学习马上需要的知识

我在接到新的工作任务时，会立刻打开业务一览表进行查阅，以便大致了解该工作的内容和进展。老员工大多不需要查看业务一览表，而新手在刚参加工作时一定要养成查看业务一览表的习惯，因为它概括了最主要的工作任务。如果新的工作岗位没有提供工作业务一览表，就找出工作的相关规定或先前的案例，进行研读。在仔细研读业务规定或以往案例等文件之后，我们就能大概了解自己今后的业务内容了。

在读完业务一览表之后，我们应该思考在今后的工作中需要运用哪些知识。在税务法庭中，需要的知识储备，自然是税务法相关内容。平时虽然也会用到会计学知识，但是眼前急需的还是税务法知识。于是，我开始认真思考如何进行税务法学习。在把握了学习方向后，我们就可以进行第二步学习了。

第二步，根据紧迫性确定学习内容的优先顺序

在适应新业务的阶段，我们需要优先处理时间紧迫的业务，这样能够减少执行任务时出现错误的可能。如果不能把握好业务的优先顺序，就有可能出现自己无法解决的问题。

我们需要学习的内容应该与急需处理的任务相关联，这样有助于促进我们对工作的适应。我把进入税务法庭后接手的案件进行了整理，找出其中急需处理的案件，例如，申请人要求必须快速处理案件，或积压时间过久需要快速处理的案件。为

了更加高效地处理这些案件，我先把它们按照优先级分为"紧急、普通、缓慢"等几类，再根据不同的业务内容确定需要的学习内容。在熟悉工作内容初期，最好的办法是模仿以往案例进行处理。如果遇到不了解的内容，就找出以往类似案件进行分析和学习。如果找不到以往案例，就按照业务说明书上的流程边学习边处理。

第三步，必须单独整理业务相关知识

在学习相关业务知识时，可能会遇到对于将来处理业务有所助益的内容，这时一定要把这些知识整理出来。这些材料既可以用作向领导汇报工作时的参考资料，又可以用作今后的复习资料。

下面跟大家分享一个我在经济政策管理办公室工作时发生的故事。我在看报纸时，发现了一个叫作CDS（Credit Default Swap，信用违约互换）的专业术语，于是趁着周末的时间查找了相关知识，并且整理在了笔记上。这个概念大概是指，为了避免信用违约造成的债券或贷款无法收回本金的情况出现而购买保险。有一天，我的上司突然向我问起"信用违约互换"，我根据之前的笔记内容，从容不迫，对答如流。

当你觉得某个知识点的内容都可以被整理成一篇报告书了，就说明它是值得你进行学习和整理的。而且在整理相关知识时，务必找出对以后工作有帮助的内容，做出详细的说明，并用自己熟悉的笔记形式做好标注。一步一步慢慢整理，长此以往，我们处理业务的速度也会逐渐提高。只有抓住学习重点，掌握业务相关知识，才能提高工作效率。

三步学习法——高效完成工作任务

第一步，学习能马上学以致用的知识；

第二步，按照紧迫性确定学习优先顺序；

第三步，对业务相关知识进行单独整理。

学习方法4：
如何战胜厌学情绪

我们往往很难坚持完成自己制订的计划，学习也是一样。下定决心学习，我们就真的能坚定不移地将学习计划进行到底吗？学习是很枯燥的事。其实，我们身边的学霸们也并不都是因为觉得学习有趣才学习的。为了坚持学习，我们需要克服自己对于枯燥学习的排斥感。当我们克服了对学习的反感后，就能在看到学习成果之时，不断体会到学习的乐趣，并且坚持学习。相反，如果我们任由厌学的情绪在我们体内滋生，就很难提高我们的学习成绩，并逐渐对学习失去兴趣，最终陷入恶性循环中，无法挣脱。

厌学的原因

我们只有了解厌学的原因，才能找出解决这个问题的答案。厌学的原因大致如下。

第一,庞大的学习量。我们一看到专业书中密密麻麻的文字,就提不起学习的兴趣。看着书上七百多页的内容,虽然计划着每天读十页,但是仍会抱怨:"这究竟什么时候是个头儿啊。"于是,茫茫然不知该如何开展学习。

第二,晦涩难懂的专业术语。看到书中晦涩难懂的专业术语,不管是谁都会觉得茫然不知所措。这就容易让我们对学习产生恐惧感。例如,经济学术语"边际效用递减规律",是指随着某种财物消耗量的增加,消费者对于消费的满足感逐渐减弱的现象。例如,"边际"与"效用"这样的词汇,都是晦涩难懂的专业术语。如果我们能找到恰当的例子,就能大体理解其中的含义了。我们在吃东西时,也会因为长时间吃某种特定食物而感到厌烦,学习也是如此。由于对陌生事物的恐惧,即使面对不太难的内容,我们也会觉得很有挑战。

第三,知识储备需求。我们如果想把一门学问学得通透,就必须在学习之前对这一科目的知识背景有所了解。如果要学习背景知识,就需要投入更多的时间;如果不事先了解相关背景知识,就无法更加深入地理解所学的知识。以会计学为例,我们如果对于商法有过了解,那么学习税法时便水到渠成。可是我们如果为了学习会计学先把商法都读完,就要投入过多的时间。但如果不对商法进行学习,学习税法内容时就会出现知识断层,难以深入理解书中内容,更容易放弃学习。

第四，学习目的不明确。在学习时抱怨"这些知识对于我的人生根本没有任何帮助，我为何要学"的人，恐怕离放弃学习不远了。我们在学数学时，会学到"极限值"的概念。在无限数列 a_n 中，当 n 趋于无穷大时，a_n 向定值 b 无限接近，这就叫"极限值"。如果你在学习中遇到了这个概念，并抱怨自己为何要学习这种奇怪的理论时，就已经开始厌学了。

厌学时，战胜学习恐惧感的三个方法

我们在前文分析了厌学的原因，现在应针对这些问题研究解决方法。当我们学习陌生的新知识时，为了避免产生厌学情绪，一定要把握好学习初期这一阶段。

第一，利用学习初期的决心，以最快的速度展开学习，在短时间内努力掌握大量的学习内容。我们往往把一个蛋糕分成几块来吃，对待学习，我们也需要分阶段进行。因此，当我们拿到一本厚重的专业书籍时，就要对书籍的内容进行划分，规划学习时间，并制订每个阶段的学习计划，详细安排每天的学习内容和学习时间。只有做到这些，我们才能在面对大量的学习内容时立于不败之地。

第二，坚持学习。安排好具体的学习量和学习时间之后，我们一定要坚持将学习进行到底。如果遇到读不懂的部分，就先跳过，在读完全部内容以后，再回过头来看一看是否能理解，此时也许会觉得这部分内容已经没有起初看到时那样难了。只要中途不放弃，坚持读完，就一定不会出现过多的厌学情绪。

第三，为了系统地学好相关知识，应逐步掌握相关术语。只要熟悉了专业术语，就能习惯课本的表达方式，从而更容易深化对于相关知识的理解，在获得学习成就感的同时，找到学习乐趣。例如，在经济学中，有"边际效用"和"边际费用"两种专业术语。"边际效用"是指"消费者对某种物品的消费量增加一单位所增加的额外满足程度"。"边际费用"是指"每一单位新增生产的产品（或购买的产品）带来的总成本增量"。因此，这两个概念中的"边际"是指"增量"。如果我们对于"边际"这个概念不了解，恐怕学习经济学时就会障碍重重，举步维艰。只有快速习得这些专业基础知识，我们才能在以后的学习中无往不胜。

需要特别注意的是，我们需要熬过努力学习却没有提高的时期，即学习停滞期。我们在学习时一定会遭遇即使努力学习也无法实现突破的瓶颈期。如果在遭遇瓶颈期时，放弃继续学习，恐怕就要面对从头再来的尴尬局面。这时候只有咬牙坚持学下去，我们的努力才不会白费。

我为大家提供的杀手锏，就是"先学学试试"，抱着这样的想法坚持学下去。暂时丢掉"为什么要学习""学习之后真的会有收获吗""学习真烦啊"这些有碍学习的杂乱想法。即便不能理解透彻，也要硬生生背下来。只要能找出正确答案，不求甚解也可以。在完成考试任务，收获学习成果之后，再寻找详细的解答。虽然这种方法看上去很粗浅,但是我可以负责任地告诉大家,我身边有很多学霸都靠着这个学习方法取得了考试胜利。想法越单纯,注意力就越集中。厌学的情绪会严重影响学习的进度。既然我们已经确定了学习目标,也下定决心要取得胜利,那么集中精力全力以赴,就是最重要的事。

学习方法5：
快速读完一本书的技巧

读书，是能够改变想法、提高认知的最佳自我开发途径。有书籍相伴的人生更加精彩，热爱读书的人，人生更加宽广。但是对忙碌的上班族而言，边工作边读书是一件艰难的事。我切切实实地认识到，长大成人之后，我的读书量越来越少了。

我上学的时候连一本小说都读不下去，是个完完全全没耐心读书的人。但是，在学校必须为了学习而读书，为了学好而熟读书中的内容。接下来，我给大家分享一些高效的读书技巧。

梳理文章框架

为了学习而读书的核心技巧，是把握书中的核心内容，并对其进行整理提炼，这种方法就是概要整理法。只有抓住核心内容，并找到核心词汇，才算是学到了精髓。我们以下面的段落为例,对这种方法进行介绍。

> 需求的价格弹性大,需求量就会随着价格的变化发生敏锐变化。价格稍微上涨,需求量就急速减少,说明需求的价格弹性很大;价格上涨较多,需求量发生的变化较小,说明需求价格弹性很小。需求的价格弹性大于1时为"弹性的",小于1时为"非弹性的"。

这个段落的核心内容是"需求的价格弹性"。核心词汇是"弹性""价格变化""需求量发生敏锐反应""如果大就是弹性的"。找到核心词汇后,再将这些概念熟记于心,并且不断加深理解。如果对于"弹性"这个词不太理解,那么就试着联想"弹簧",试想,在一个因素的刺激下(用手按下弹簧的行为:价格变化),弹簧能产生多大反应(弹簧弹起来:需求量变化),这样就能加深对这个概念的理解了。

灵活掌握讲座内容

在学习新概念的初期,我们有可能需要很长的时间才能将其理解、消化。我在开始阅读经济学专业基础书籍时,一天恐怕连十页都读不完。这时,我们不妨听一听网上的讲座。读书,首先通过眼睛对书上的文字进行识别,再把信息传送给大脑,由大脑来对文字内容进行理解。对于比较生疏的概念,我们如果能听一遍相关讲解,就会加快对其的理解。因此,我们可以把网络讲座理解为"电影预告片"。

如果想加强学习效果，就一定要在听完讲座之后，看一遍书中的相关章节。就像在我们的生活中，钱赚得越容易，花得就越潇洒一样，学习时越容易记忆的内容也越容易被忘掉。虽然在听讲座时，感觉都听懂了，但我们听过的内容很快就会被忘掉。这是因为听过的内容不如看过的内容印象深刻。所以，为了加深印象，我们在听完讲座之后，马上阅读相关书籍，这样才能更牢固地记住讲座内容。

我们不仅要阅读书上的文字，还要理解文字的含义。另外，还要能够随时在书中找到讲座内容。我们可以在听完当天的讲座之后，只阅读当天讲座的相关内容。如果不能听讲座，就把书里的序言和目录牢牢记住，也有异曲同工的效果。通过序言和目录对全书的内容进行预习，有助于对书中核心内容的理解。

把握阅读节奏

每个段落都有其重要的作用。书中有对核心内容进行说明的段落，有对核心内容的分论点进行说明的段落，也有为了证明论点而进行举例说明的段落。并非所有的段落都是核心段落。考试中，书上有些段落是主要考点，有些段落可能不会出现。因此，我们在读书时有必要对于段落的重要程度进行判断，实现有节奏的阅读。"把握读书节奏"是指，细读书中重要的段落，略读次要的段落，在读书时做到张弛有度。

根据段落的重要程度选择合适的阅读速度，不仅能使我们保持阅读的紧张感，也能使我们坚持阅读。在读书时，不妨在段落旁边标注阅读方法。比如，在需要背诵的段落旁边标注"需要背诵，反复阅读"，在不重要的段落旁边标注"速读，略读"。

　　如果不了解阅读方法，一味苦读，则很难取得良好的阅读效果。如果读书的效率降低，学习的趣味就会消退。相反，如果能够通过读书实现自身实力和价值的提升，就会完全投入知识的海洋。我在这里为大家介绍的读书技巧，是在学习时最轻巧的办法，希望大家能在读书时找到适合自己的高效阅读方法。

学习方法 6：
突破极限、实力跃升的秘诀

练过举重的人一定明白，当感觉再也无法举起更重的哑铃时，人们常常认为这就是自己的极限，然而在再次举起哑铃的那一瞬间，肌肉就会得到强化。学习也是同样的道理。我们觉得已经达到极限的瞬间，恰恰正是获得提升机会的瞬间。锻炼实力与锻炼身心相同，只有突破极限才能更加强大。

只有反复阅读才能独具慧眼

在我上中学时，还没有考前辅导和考前习题，学生在复习时只能依靠一本教材和一本课堂笔记。每当在考场上遇到没有见过的题型时，我总是提心吊胆地作答，害怕犯错。是不是多读几遍教材和笔记就能解决考场上遇到的所有问题？小小的我心生挑战，决定做到完美复习。我的对策，就是反复阅读教材和笔记。

我当时想，如果我能背下整本书的内容，是不是考试时就都能答对？因此，我开始反复阅读教材，计划阅读二十遍。当我读到第十遍的时候，感觉已经到了极限，但是在每个想放弃的瞬间，我都选择再多读一遍。从那以后，我在考试时果然很少出现失误。反复阅读的效果并非仅仅如此。它不仅使我读书的速度变快了，还使我看书的眼光越来越独到，我在看书时能快速找到书中的核心内容和重点记忆部分。长此以往，我的学习时间逐渐减少，成绩也开始名列前茅。升入高中后，我的学习成绩依然不错。现在想想，当时我反复阅读的学习方法，使我掌握了独特的读书技巧。

反复阅读既无聊又辛苦，每一次重复仿佛都是极限。但是，这样做的成效比我们想象中更明显。反复阅读，一定能让我们的阅读能力得到提高。

解答所有题目可以确保基本得分

我在高中三年级参加模拟考试后发现，与数理、社会、科学几个科目相比，我的外语成绩并不理想，而且考试时的状态也会引起考试成绩的起伏。所以我下定决心，把当时韩国国内各大培训班出版的模拟试题全都做一遍。当时，在书店可以买到培训班每个月出版的模拟试卷，我就把能买到的习题集都买了回来。

我在做了数不清的试题之后，发现每个培训班都有各自的出题模式。以后再做题目时，我只需大致浏览，就能发现是哪个培训班出的题了。我自己甚至可以通过做题把握出题的大概方向,并且能够对下一次的考试题目进行预测。像我那样,拿到题就做,迟早会练出一双能对出题趋势做出预测的慧眼,从而准确把握学习的重点。

背下全书目录就能看懂全书体系

我在准备行政考试时,我的大学前辈曾叮嘱道:"如果想通过考试,就一定要熟悉课本,即便在睡眼蒙眬之际,也要能准确默写出教材的目录。"最初听到这样的话时,我并没有太在意,然而等到自己备考时,才理解了这句话的独到见解。

记住书的目录,实际上就是记住书的体系。只有完全掌握教材的体系和脉络,才能有把握地解答陈述型主观题。我们不用刻意地背诵全书目录,只需要在学习的过程中自然习得。一旦掌握了全书的体系,在考题中遇到应用性较强的实践内容或者新概念时,我们答题就可以在已掌握的体系基础上,更上一层楼。

掌握全书体系也有助于对全书脉络的了解。在学习时有意识地注意目录,就能自然而然地记住目录内容。我们可以在白纸上写出全书目录,再按照目录的内容整理、概括相关内容,就能更好地理解书中对这些内容的叙述了。

超越极限能最大化地集中注意力

我在准备特许金融分析师一级考试时,正是自己工作最繁忙的时期。我的学习时间非常有限，无奈之下，只能在考试前一天的下午完成工作任务后，熬夜准备第二天的考试。结果考试当天肩膀极度疼痛，状态非常差。令人惊奇的是，我的注意力同紧张感一起被激发到了最大值。

在紧张感和注意力的作用下，我在拿到考试卷后，对于现场的声音充耳不闻，只将注意力集中于考卷上的文字。当时，我感受到的全身心投入的状态，就是"心流状态"。"心流状态"是池田义博在《把学习交给大脑》一书中介绍的概念，是指一种只关注眼前学习内容，将注意力发挥到极致的心理状态。

超越极限提高实力

当时，我在考试中并没有注意到自己已经达到心流状态，满脑子都是对题目的那种思考。据说，对于棒球选手而言，看着飞速运动的球体仿佛是在看静止的物体，而足球选手们在传球时也可以预见球体运动的路线。我们如果在考场上能够达到心流状态，就能将自身的实力发挥到极致。如果经历过心流状态，那么我们在应考时集中注意力的能力便能得到提高。

在学习时，我们经常会无法集中注意力。但是，集中注意力的能力是可以通过努力得到提高的。当你感觉是极限的瞬间，不妨再试试。那个瞬间或许就是进入心流状态的机会。我能够进入心流状态，并非因为我很特别。我经历过无数次极限状态，但是我超越了每一个极限状态，学会了进入心流状态的方法。只有经过几次克服极限的过程，我们才能提高学习能力。比起考取简单的资格证书，准备一个对自己而言极具挑战的考试，更能提高学习能力。大家不妨寻找自己真正想通过的考试，通过备考，挑战并突破自己的极限。

当然，过程是痛苦的。进行举重训练时，虽然教练能在旁指导，但最终举起哑铃的还是自己。我们要明白，超越极限后取得的学习成就，完完全全属于自己！

生活管理：管好日常生活，让学习事半功倍

许多上班族在谈到学习时，总有几句话挂在嘴边："唉，现在是力不从心喽，想学也没那体力呢""估计是上了年纪啦，学点什么，转头就忘"。上班族长时间忙于工作，记忆力也在逐渐下降，也常因为体力不支，坐在书桌前拿起本书就能睡着。和田秀树所著的《50岁后的学习法》一书中，有这样一个观点：普通人到了五十多岁，欲望开始降低，认知能力也会出现衰退的倾向。

伴随年龄的增长，我们会愈加发现，不同生活习惯对学习影响不同。我身边也有很多朋友分享过生活习惯如何提高学习效率的方法。下面，我们就谈谈最需要掌握的日常生活管理之道。这些生活管理法，将使我们受益终身。

保证充足的睡眠

专家认为，普通人每天至少需要六小时的睡眠。我虽然一

边上班一边学习，但是一定会确保平均睡眠时长在六小时以上。如果少于六小时，我下班时会倍感疲惫。如果我比平时少睡一小时，那么第二天不管是学习还是工作，效率都会降低约30%。如果无须在考前熬夜备考，我们一定要保证每天的睡眠时间在六小时以上。对于上班族来说，学习是一件需要持之以恒的事。只有保证充足的睡眠时间，在有效时间内高效学习，才是长久之计。

我们不仅需要保证充足的睡眠时间，还要严格遵循早睡早起的生理规律。我一般在晚上十一点到十二点之间入睡，在早上六点半到七点之间起床。只有维持健康的生物钟习惯，才能以更充沛的体力来开展学习。

利于早起的方法

不仅睡得好很重要，起得早也很重要。我上大学时也非常爱睡懒觉，而且曾经一度将所选课程都集中在下午，以便上午能安心睡懒觉。上班之后，我只能想尽各种办法改掉睡懒觉的习惯。

一方面，我特意设定两个闹钟，第一个闹铃比第二个闹铃提前二十分钟，即比实际起床时间提前二十分钟。比如，我如果想在上午六点五十分起床，就把第一次闹铃定在六点三十分，把第二次闹铃定在六点五十分。这样的话，六点三十分的闹铃把我从睡梦中叫醒，在六点五十分听到第二个闹铃后，我就能完全清醒了。

另一方面，我会提前买好早餐。早上起床的时候，我们会感觉被子外面的世界充满"危险"，所以不愿意起床，但如果用美食诱惑自己，就更容易让身体动起来。我起床后最先做的事情就是吃东西，填饱"五脏庙"之后，再洗把脸或冲个澡，然后就能彻底从梦中清醒。美食永远是起床的最大动力。

养成动脑的好习惯

研究表明，大脑的活力跟水分供给有着很大的关系，由于大脑的80%由水构成，我们只要多喝水，就能提高大脑的活动能力。另外，坚果中含有的大量不饱和脂肪酸为增强大脑健康活动提供了必要的营养。平时积累这些常识，有助于养成提高大脑活力的生活习惯。

为了增强大脑活力，我在学习的时候拼命喝水。同时，喝水也有助于调节体温。一般来说，成人每天摄取的水量应在两升左右。每天以摄入两升水为目标，热时喝冷水，冷时喝热水，以此来调节体温。养成这样的饮水习惯，对身体非常有益。

每天进行适量运动

走路和做操能为大脑施加适当的刺激，提高大脑的灵敏度和记忆力。在古希腊时期，很多先贤都认为健步能够提高大脑的活力，曾使健步盛极一时。我在学习的时候，也会抽出十五分钟以上的时间在附近做适量的运动。

学习的事是否要对公司保密

许多上班族会在备考之前考虑这个问题：是否应将备考的事告诉公司。如果是为了跳槽，当然不能把这件事告诉别人，以免节外生枝，而且所学的内容也大多和自己手头工作不相符。即使单纯为了自我提高，比如学习英语或考取资格证书等，也会觉得难以启齿。如果我们将学习的事告诉公司，那么就会产生"领导会不会觉得我会因为备考而疏忽了手头工作""领导会不会猜到我有跳槽的想法"等想法，对我们的工作产生困扰。

在学习初期保守秘密

我在接触新业务时，除了会向公司报告自己正在学习业务相关知识和英语以外，对其余的备考活动一律保密。因为一旦告知同事自己在学习，同事们就会不停地追问为什么学习、学习什么、怎么学习。所以，我选择保守秘密，这样就能避免一些不必要的麻烦。

上班族在最开始决定学习时，并不能保证自己会坚持到底，也许会因为种种原因而中途放弃，如果被同事们知道，就会给人留下半途而废的印象。因此，在刚开始学习的阶段，暂时保密比较安全。

随机应变法

上班族为了节省时间，常常利用工作空隙或者午休的时间在公司学习。即便不想告诉别人，学习的事也会被同事发现。这时，我们需要有随机应变的能力。我在被同事问起时，会做出如下的善意应对。

- 备考美国注册会计师考试时

  ——同事：学什么呢？

  ——我：（给他看英语教材）学英语。

- 午休时听讲座

  ——同事：听什么讲座？

  ——我：我们在培训时不是要学数理吗？我先听听讲座预习一下。

- 看培训班发放的学习资料

  ——同事：看什么资料呢？

  ——我：我有个朋友在写论文，拜托我帮忙检查一下。

- 考试习题集在办公桌上

  ——同事：什么书？

  ——我：为了学习业务相关知识顺手买回来的，也许以后能用到。

当学习的事情被发现时大方地承认

经过几个月的学习之后,有些同事自然可以猜到。有可能是关系亲密的同事在自己的办公桌上发现了备考书籍,也有可能是自己在和同事聊天时随口承认了学习的事实。如此,自己正在备考的事情就会人尽皆知。

我在刚开始备考时是瞒着同事的,可是如果悄悄学了几个月后还是被同事发现了,我就不会再刻意隐瞒了。同事问起这些事时,我也会大方地承认。有人问我:"你为什么要考美国注册会计师?"我回答道:"我也是不知不觉就开始学了起来。"这种丝毫不会引起对方兴趣的回答,自然能够终结话题,以后就不会再有人问我这类问题了。

第四章
上班之余,轻松备考上岸

明明努力准备，为何总是考不过

"我真的非常努力地学习了，为什么总是考不过？"

在我的咨询工作中，这是最常见的问题。很多上班族都在为了将来而努力学习，并且非常渴望能通过考试。可是对于上班族来说，通过考试绝非易事。

只要努力就能通过考试吗？如果真能如此，当然合人心意。不过，这种想法本身就是错的。当然，如果不努力，就更不可能通过考试。然而，努力学习并不能保证通过考试。"努力就能考过"，这种话只是说说而已。因为大家都知道，只有告诉学习者努力就能有收获，他们才会有学习的动力。但是我们要知道，也会有一些人即使努力学习了也没能通过考试。这样的残酷事实，往往会被专注于备考的考生们自动屏蔽。为什么努力学习却无法保证通过考试？我们来研究一下具体的原因。只有进行这样的分析，我们才能找到有效备考的思路和方法。

竞争者也在努力学习

公务员考试和资格证书的考试都具有相当大的竞争压力。无数人在努力备考，而这些努力备考的人群中却只有少数人能够脱颖而出、通过考试。

在2017年韩国第七级公务员考试中，笔试成绩（普通行政类）合格线为80分，超过合格线的考生有228名，得到70～80分的考生有471名，最终选拔名额为174名。也就是说，有许多人会被拒之门外。注册会计师或税务师的资格考试也是类似的情况。因此，认为努力学习就能通过考试的人，可能会被残酷的竞争率击垮。

并非博学多才就能合格

"我觉得自己读过的书比其他人多，为什么我还是考不过？"有时候，我们也会产生类似的疑问。然而，博学多才并不能保证考试成绩高于他人。

我并不是说博学多才者不能取得高分，但我们需要从考试的本质来考虑。考试是在限定范围内，针对特定问题进行的考核。即便学富五车，当考题内容不在自己所熟知的领域内时，也是"巧妇难为无米之炊"。如果在备考时不了解出题范围，就需要学习全书的内容。因此，为了取得高分，暂时停止学习自己擅长的内容，优先学习自己尚未掌握的知识，才能使自己更具战略性优势。

另外，努力学习却没能取得好成绩的人，其学习方法有可能存在某些不足，他们往往习惯性地反复学习非重点考试内容。他们需要放下对考试范围以外内容的学习。如果将过多时间和精力浪费在学习考试范围以外的内容上，就很难在考试中取得高分。某些学习者总是偏执地认为考试范围以外的内容更重要，结果往往考不出高分，这样下去会渐渐质疑考试的客观性和公平性。

需要明确一点，我们并非以学者的身份进行学习，我们只是在进行应试学习。只要多做几套考试真题，就能猜出大部分考试的考试范围和出题方式。特许金融分析师考试甚至会专门为考生提供考试大纲，考生们可以通过考试大纲了解考试范围，再对整体内容进行整理，均衡合理地安排学习内容，这样才能有机会取得高分。

努力学习却收效甚微的考生在复习时最容易犯的错误，就是一味地解决某些难题，却在考试时因忽略简单问题而出错。在考试时，有一些人会花费过多的时间解决难题，却利用较短时间回答相对简单的问题，造成失误。虽然有人觉得自己不会犯这种糊涂，但是当局者迷，学习的内容越多，就越容易出现这种失误。在实际备考中，总会出现一两道自己之前从未见过的题型，这就造成了我们的考前压力。越是学得多的考生，越会因为想要取得高分而在考前出现这种倾向。为了能通过考试，我们不能对简单的问题掉以轻心。

我们总觉得，越是准备充分的内容越有答对的把握。但根据我个人的应考经验,即便是烂熟于心的题目,我们也不太可能完全答对。在备考时,我们需要确保答对所有简单题目,而较难的题目,答对60%~70%即可。如此,我们的备考才是最有效率的。

模拟题和真题不可等同

在培训班备考时,随着考期的临近,考生们都会找一些模拟考试的试题来作答。如果在培训班的模拟考试中取得了高分,却在实际考试中考砸,就会感到委屈和难堪。但是我要提醒大家,模拟考试和实际考试在各个方面都存在不同。首先,培训班的考题是由培训学校的老师出的应试预测题集,而实际考试多由大学教授以及有实务经验的在职公务员出题。

模拟考试考题是根据往届真题的出题样式预测而来的,其基本模式和内容对于考生来说相对熟悉,考生也就很容易在模拟考试中考出高分。但是在实际考试题中,可能会出现新题型,甚至会出现以往从未考过的内容。我们也无法知晓试题中会出现什么新题型。例如,在编题时,若有特定领域的专家加入出题委员会,而这个专家出的题占据了本次考题的大部分内容,那这次试题中就很容易出现考生之前从未遇见过的新题型。

我们在备考时,需要针对基本概念和全部知识体系进行学习。假如试题中出现新题型,我们只需要先认真读懂题意,再按照之前掌握的基础概念进行解答即可。在实际考试时,出题者不仅不会在新题型上加大问题的难度，甚至会在新题型中为考生提供更多的答题线索。即便新题型难度非常大，分值也不会很大。那时，不如放弃难题，把其他问题准确无误地解答好，更有可能取得高分。

我们没有必要把模拟考试的成绩看得过重，所以无须因模拟考试的成绩而患得患失。学习是一场提高自身实力的修行，坚持不懈地努力很重要。即使模拟考试的成绩总是名列前茅，我们也不能骄傲自满，因为模拟考试的成绩不能代表实际考试的成绩。我们一定要不骄不躁、坚持到底，才能取得考试的最终胜利。

考试不会以努力程度作为评分标准

很多人都认为，考试是针对考生能力和努力程度的考察，但实际并非完全如此。考试当天活跃在头脑中的知识、考场上的判断力、临场发挥能力、情绪管理能力、身体状态、运气等，这些因素都有可能对考试结果产生影响。即便是坚持努力备考的考生，也会受到以上各种因素的影响。因此，除了无法把控的变数，我们要牢牢把握其余因素。对于能够对考试结果产生影响的因素，我们要提前进行准备。只有知己知彼，方能百战不殆。

我经历过很多考试，也经历过很多次失败。每当我思考自己为什么会名落孙山时，自然也为取得下次考试的成功做好了必要的心理准备。

我们既然知道了无法通过考试的原因，就可以针对如何顺利通过考试进行研究。首先要了解考试的属性，然后根据考试范围进行有针对性的学习。另外，如果想实现高效备考，就必须有备考战略。我将从以下三个方面，专门为上班族讲解备考策略。

考试合格三大法

1. 把握考试属性；
2. 根据考试内容，有针对性地备考；
3. 制定高效备考策略。

考试，不是你想的那样

很多人认为"想学习必须屁股沉"，意为为了取得合格的考试成绩，必须长时间坐在书桌前苦读。其实，并非只有坐得沉稳才能考取功名。如果所学内容和考试方向相悖，就是白费功夫。我们需要了解考试的属性，再有针对性地学习。如果备考的方向和目标有误，就不要期待考试会有好的结果了。如果付出比收获少，肯定也会倍感压力。

除此以外，我们在备考过程中也会陷入很多误区。以下是我总结的一些备考误区，大家在备考过程中，如果存在类似的情况，请在今后的学习中加以改正。

认为自己逢考必过

没人会为了考试失败而学习。我如果在十年苦读之前认为自己一定会落榜，那么干脆连书本都不会碰一下。大家都想考过的考试，竞争率一定非常之高。例如，在 2018 年韩国政府

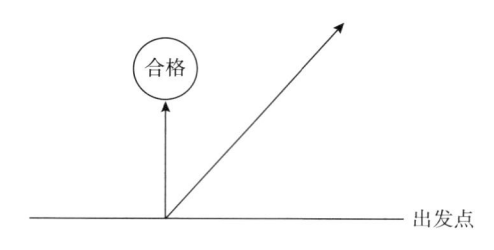

向错误的方向努力只会离考试合格越来越远

职务的公务员九级考试中,平均竞争率为41∶1。

一般来讲,如果按照应试者平均投入的学习时间(大多数应试者从备考到通过考试所需时间)进行备考,想要把自己的名字列入合格名单之中,希望甚是渺茫。这些人只不过对自己投入学习当中的时间长短和读书的次数存在执念,认为只需要学了足够的量就能通过考试。另外,还有一些人认为,在读书室和图书馆花费了足够的时间,就能做足考前准备。更有甚者,在一个小时里,利用大部分的时间做其他的事情,只用了十分钟浏览教材,就认为自己已经用了整整一个小时来学习。有着如此想法的人,恐怕需要用秒表来计算自己的实际学习时间,才能直面事实。

相反,有些人是真正地认真学习了。可惜的是,并非通过读书、听讲座和记笔记就能提高自己的实力。在考场上,如果没有将平时所学的内容进行合理使用,恐怕学了也是白学。我们需要检验平时所学内容是否真的被储存在了大脑中,可以如进行模拟考试一般,考察自己对教材内容的掌握程度。

自我合理化

有些人自欺欺人地把错误的复习方法合理化，所以会故意歪曲模拟考试的结果，使自己陷入自我满足的旋涡。例如，有些人认为"只要多解题就能通过考试"。如果想了解科目的整个体系，就需要认真阅读相关基础知识教材，再搜集考题进行解答练习。但是有些人觉得这样做会浪费很多时间，于是连基础都不好好打，只是一味地解题，自认为节省了很多时间。练习之后，看到成绩还算过得去，就在心里高呼"这样学习果然是对的"，结果他们在整个复习过程中只盯着几套习题集背来背去。这种只求速成的方法不但使他们没能对于科目的体系进行基本了解，而且更难以保障考试成绩合格，并非真正优良的学习方法。

更有一些偏执的应试者，由于在平时模拟考试中取得了很好的成绩，一旦在实际考试中遇到不会的内容，就说考题过于生僻，千方百计地为自己错误的学习方法寻找借口。尽管自欺欺人的想法可以让自己获得一时的安慰，但是在面对真实的成绩时，仍然只能自食其果。

把考试的失败归咎于错误的原因

当我们没能取得理想成绩时，就容易陷入后悔和自责。有些人为了让自己的感觉好一些，难免会在别处找寻考试失利的原因。比如，他们会抱怨"都怪考试前一天，损友非要找我喝酒""都怪培训班的老师，怎么就不能押题再准一些"……这些都有可能被他们当作考试失利的理由。

其实，所有结果都要归咎于自身：没能拒绝朋友的酒席诱惑，没能对培训班老师的押题形成自己的最终判断。如果考试失败，就应该直面失败的真正原因，分析自己的不足，这样才能在未来取得考试的胜利。怨天尤人只能缓解一时的不快，却无法解决根本问题。

与他人相比较

有时会有这种情况发生：看似不如自己用功的朋友榜上有名，自己却名落孙山。有些人会因此心灰意懒，从此失去学习的意志。最后，因为失去斗志而屡屡失败或放弃，从而不再努力学习，再也无法通过考试。

应试者的条件各有不同。有些通过考试的人虽然表面上看着不是十分用功，但实际情况并非如此。如果不用努力复习就能通过考试，那么该有多好的运气？即使那些考试合格者真的非常幸运，也与我们无关，该复习还是要复习，该努力还是不能懈怠。我们在与他人比较的过程中，会消耗太多的心力，对于备考没有半点帮助。

人生难免犯错，只有摆脱这些错误的想法，才能在学习的道路上越走越顺利。摆脱对考试的错误想法，才是真正踏上备考之路的第一步。

抛掉错误想法，避免考试失败

1. 丢掉"一定会合格"的期待；
2. 并非坐在书桌前就是学习；
3. 自欺欺人的想法对于备考毫无益处；
4. 调整考试当天的身体状态；
5. 意识到竞争对手也在努力用功。

减少无意义学习，让付出有成果

明明努力学习过，成绩却没有提高。很多朋友甚至用秒表来计算自己的学习时间，紧张地展开复习，结果并没能提高自己的考试成绩。我与这些努力学习却无法取得理想成绩的朋友们进行了深入探讨，得出的结论是：大部分人没能找到正确的学习方法。

以冲刺终点线为目标的朋友们，不应在跑步机上奔跑。我们要从跑步机上走下来，站在真正的跑道上，向着最终目标冲刺。使用错误的备考方法，绝对得不到理想的学习成果。在下文中，我将介绍一些备考中的上班族经常会犯的错误。我们要在反思错误的过程中，摒弃错误的备考方法。

毫无意义的循环

"你不是告诉我们反复复习有好处吗？"

反复复习当然是有好处的，但是对于毫无意义的反复复

无论在跑步机上跑得多努力也无法胜利冲向终点

习,则另当别论。在学习时,仅仅为了在计划时间内完成定量的学习任务,并且单纯执着于看书的次数,恐怕考试结果还是难以令人满意。反复复习时,最重要的不是读书的次数,而是对关键内容的不断巩固。如果反复复习却无法提高成绩,就说明是在反复使用错误的方法复习。例如,复习考试真题时,对于看了五遍的习题,如果看第六遍时仍需要较多的时间,就说明之前的复习方法是错误的。

哪种重复复习是毫无意义的?

第一,在没完全理解内容时就开始反复背题。在上学时,很多家长和老师为了督促学生的学习,给学生安排定时定量的作业,并且在学生完成学习任务时进行检查,这样做容易使学生养成为了完成任务而进行学习的习惯。有些上班族每天也会为了完成当天定下的学习量,匆忙完成任务,并没有把注意力集中在学习内容上。在学习时,尚未熟知教材内容就一味地盲目解题,完成定量的学习任务后才感觉得以解放,这样只是做出了学习的样子,却根本无法让自己付出的努力在考试中得到回报。

第二，在读过基础教材之后，仍使用相同方法重新阅读。我们在使用化妆品时，皮肤需要一定的时间来吸收化妆品中的养分；我们在阅读时，大脑也需要一定的时间吸收和理解读过的内容。如果在读一遍之后马上用相同的方法阅读第二遍，那么其效果与只读过一遍是一样的。多伦多大学的托尔文教授和英国心理学家艾伦·巴德利在经过多次科学实验后指出，以一定时间间隔进行反复阅读，才会对大脑记忆所读内容起到很大帮助。

第三，不了解出题重点，在非重点内容上浪费过多时间。如果是这样的话，恐怕反复做多少遍练习题集都无法提高成绩。只有找到重点考点并进行有针对性地反复复习，才能提高考试成绩。如果对所有内容进行强行记忆，即使把所有问题牢记于心，也很难得到理想的分数。

那么，我们该怎样做，才能减少无意义的反复复习？

第一，在学习基础教材时，对书中的主要内容进行整理和总结。在段落的旁边标注本段落的中心思想，并在当天复习的最后阶段，回想当天整理的核心内容，加深对所学内容的印象。

第二，分析每道例题。在分析的时候，标上出题者对哪一部分进行了改动，再标明容易出错的地方，在以后复习时着重复习这些标注的地方。

不看基础教材一味解题

在备考时,有些考生在分数线的高压下,选择不阅读基础教材而一味解题的学习方法。对于以客观性试题为主的考试,仔细学习解题集的确会有一定帮助。

即使知识储备量很大,也要对其进行体系化的整理,才容易在考试中取得高分。只知解题的复习方法是没有体系的学习方法,只有学习量的增加,不能使我们收获对知识进行整理分析的能力。尽管学习基础教材会用掉很长的时间,但是我们在掌握基础教材的内容之后就会对科目形成整体的了解,并且有体系地理解书中的知识构成。因此,在刚开始学习时,就应该花足够时间学习基础教材,并对教材中的主要概念进行深刻理解。

看答案解题

有部分考生习惯于在练习题旁边标注答案,这样做并不是在练习解题而是在练习背题。采用这样的方法,虽然能在较短时间内争取几分,但从长远来看则非常不利于培养学习能力。利用这种方法复习的考生往往很难取得高分。

一定要坚持训练自己解决问题的能力。通过亲自思考问题,获得解决问题的能力。对于数学、经济学这类应用学科,我们更需要锻炼自己的解题能力。在复习时,起码要保证亲自尝试解题的过程。另外,随着考试时间的临近,考生需要计时解题，并且尽量在面对相似问题时节省解题时间，避免在考试中临场出错。

只听讲座不复习

有的考生为了轻松复习，报名了在线讲座。在老师的亲切讲解中，轻松地理解了教材上的内容。但是，听懂了老师讲解的内容并不代表这些知识都能为己所用。即使听讲座时完全理解，自己做题时也有可能搞不清楚状况。在学习的过程中，如果跳过了"阅读理解，练习巩固"的过程，就会使独立学习的能力下降。解题时，也是相同的道理。老师把解题的整个过程展示给学生，学生当时感觉都已经理解了，但在自己独立面对相似习题时，还是一样束手无策。

执着于错误的学习方法

上班族的学习方法因人而异。但是一般来说，只有取得过优异成绩的人才会坚持自己的学习方法。一方面为了守护自尊心，另一方面是因为害怕改变。

随着时间的变化，出题制度和出题方式都会发生相应的改变，上班族更应该随机应变。只有在不同的考试中采用合适的学习方法，才能无往不利。过去考试成功的经验也许早已不能适应时代的变迁。因此，我们需要不断寻找适合当前学习环境和考试内容的新学习方法，并且不断优化自身的学习习惯。

减少无意义学习的方法

1. 边听讲座边读书；
2. 整理当天所学内容；
3. 丢掉"只做习题集"的备考方法。

备考心态1：
考试常胜军与考试常败军的差异

备考初期，大家都站在相同的起跑线上。可是，当考试结果公布时，有人金榜题名，有人名落孙山。在我的众多朋友中，有人手握韩国司法考试合格证书、韩国注册会计师证书、美国注册会计师证书，拿资格证书拿到手软。相反，也有因为各种原因没能通过考试的人。

考试常胜军和考试常败军，差距到底在哪里？我对这些朋友进行了仔细观察，发现在备考初期大家的差距非常小，可是越到后来差距越大，直到最后分为"合格"阵容和"不合格"阵容。在下文中，我将为大家分析"考试常败军"和"考试常胜军"在不同学习阶段的主要特征。

科目选择阶段

选择哪项考试关乎备考的动机，因此一定要慎重选择。当然，如果犹豫不决，就会陷入无限烦恼。可是抱着"真不知道该考哪一科，干脆先考一下再说"这类想法的人，恐怕在初期就步入了误区。只有在研究了各项考试的优缺点后，进行毫不犹豫、目标坚定的决策，才能持之以恒，进入良好的学习状态。

开始学习的阶段

俗话说，"开始是成功的一半"。备考的起步阶段非常重要。学习之前需要先制订合理的学习计划。注意避免对自己的学习能力产生过高评价，导致制订计划时学习内容超出自身学习能力，最终半途而废。了解自己的学习能力，合理安排学习量，按科学的学习计划进行备考，才能事半功倍。另外，为了备考，生活习惯也需要做出相应调整。比如，从前每个周末都有和朋友聚会的习惯，在备考时就需要尽量减少此类交际活动。有些人认为，"如果一味准备考试，怎样才能解压呢""一周当中总可以有一两天和朋友聚聚吧，这对学习不会有妨碍的"。然而，继续坚持妨碍学习的生活习惯，就会使自己离目标越来越远，也会花费越来越多的时间来准备考试。我们需要让一切为学习计划服务，让自己的社交生活尽量简化。

过度自信也有可能使人在备考过程中经不起小挫折，导致最终的失败。在学习过程中想当然地认为，只要坚持学习就能提高成绩，结果成绩却毫无提高，这难免会使人产生焦躁的情绪。可是我们需要认清一点，实力的提高并非一日之功，需要长时间的积累。高楼需要用砖瓦层层堆砌,我们的学习成果也需要付出汗水,步步积累。

考试常胜军的特征

- 学习目标明确
- 坚持检验自己的学习能力是否在不断提高
- 了解自己的每日学习量
- 改正妨碍学习的不良习惯

考试常败军的特征

- 学习目标不明确导致学习意志薄弱
- 在其他日程计划方面浪费过多时间
- 认为坐在书桌前就是在学习
- 过度自信,自欺欺人

正式学习阶段

在正式开始学习后,我们需要随时监测自己的实力是否有所提高。要避免"只要坐在书桌前就是在学习"的错误认知。因此,我们也需要自觉检验自己的实力是否真正得到了提高。

长时间的角逐竞技,需要我们对自己的身体状况和精神状态有良好的管理。我们只有在学习的过程中看到自己的进步,才能保持对于学习的兴趣,并坚持不懈地努力。假如一味努力却不见成绩有所提高,恐怕就要考虑改进学习方法,这样才有可能解决问题。否则，就会把烦恼无限期延长，最终导致考试失利。

考前收尾阶段

如果在考前没能以正确的方式对此前的学习进行收尾，恐怕也会收获失望的结果。随着考期临近，"要是考到我没复习的内容怎么办"等想法带给我们的不安感会越来越大。反正不能得知意外题（完全没想到会出的题目）是否会出现，即使做了再多的题恐怕也无法消除内心对于考试的不安感，不如就在考前把基础概念重新复习一下，以这些概念为基础答题即可，心里的不安感自然会消散。

在考前阶段，各个培训班都会编写一些模拟考题。在模拟考题中发现难题时，不要动摇意志。因为在考前把注意力全部集中在难题上，容易忽略之前学过的基础概念。在学习时，利用一个小时学习新内容，利用剩下的大部分时间对以前学过的基础知识进行复习，这样的学习策略更有效果。

考试常胜军的特征
·集中精力复习基础概念
·着重解决以前的学习漏洞，减少背诵新知识的任务
·减少必须复习的内容，增强自信心

考试常败军的特征
·对于科目的体系缺乏整体理解，进行毫无章法地背诵

- 在难题和陌生题上花费过多精力
- 随考试临近加重不安的情绪

考试结束后

我能够取得这么多的资格证书，是因为同别人相比，我在考试结束后做了不一样的事。我们在黑暗的地方待得久了，即使来到了光明的地方，瞳孔也会因为一时无法接受光线的改变而难以适应。我们在结束考试回归日常生活时，也需要一定的适应时间。考试结束后，我们需要设计一段缓冲时间。上班族在经历一场考试之后，体力明显消耗过多，如果一考完试就不管不顾地吃喝玩乐，恐怕不利于身体健康。因此，一定要给自己安排一段时间恢复体力。在一场考试结束后，只有体力得到了良好的恢复，我们才有可能在下一场考试中依然取得胜利。

为了通过考试的正确态度

1. 以谦虚冷静的态度面对考试；
2. 明确考试的意义；
3. 边学习边思考学习的意义；
4. 逐渐缩小学习的范围；
5. 避免过度劳累的生活习惯。

备考心态 2：
避免学习失败的关键

大学生 B 曾经是一名学科领头羊，也是社团活动组的活跃成员。周围的人对 B 赞不绝口，都认为他学习好、责任心强、活力充沛，他的大学生活可谓非常成功。后来，他开始挑战公务员考试，整日都坐在图书馆里埋头苦学。但是，他在专心学习的时候，突然不明白自己究竟在学些什么，认为自己似乎进入了瓶颈期。他开始怀疑自己的能力，抱怨道："难道我的能力就只有这些？"

许多人像他一样，在学校时学习很好，却在备考资格证书时遭遇瓶颈。这是由于没有使用正确的办法来备考造成的。在准备公务员考试时，不能沿用上学时期的学习方法。上大学时，一学期会有期中和期末两次考试，我们只需要复习指定范围的内容，就能拿分。但是，公务员考试需要长时间（1~2年）准备，并且要每天坚持学习才能有收获。因此，我们如果不按照公务员考试的备考方法来学习，就容易在学习初期感到迷茫，产生挫败感，而挫败感会导致自尊心受挫，最终使我们走上失败的道路。

当你纠结失败原因时，其实为时已晚。在感觉学习方法有问题的时候，就该及时止损，想出解决的方案，这样才能及时阻止失败的到来。如果上班族发现以下迹象，很有可能说明此时的学习方法是错误的。

开始感觉不到学习的必要性

在想不通为什么需要学习时，大多数人便会强迫自己进行学习。"棒打出学霸"的道理，就在于此。这种情况早在学生时代就发生过，因为父母的半强制性要求，我们会报名各种课后辅导班。结果，我们在补习之后才能保持在学校的成绩。可是如今我们已经是上班族了，如果感觉不到学习的必要性，就很难在学习上取得成果。

即使在旁人的督促下学习，也难以将学习坚持到底。在无目的的学习过程中，许多人会因为厌学情绪而无法取得考试的成功。因此，在学习的过程中，应该懂得主动寻找学习的目标。不管我们针对什么科目展开学习，都要在备考前仔细思考学习的必要性。学习动机对以后的备考会产生极大影响。

无法战胜挫败感和不安感

一些上班族会抱怨："重拾课本这么困难，最后真的能取得好的结果吗?"一旦内心有了这个疑问,那么就很难在学习方面取得较大的提升。如果经历多次考试失败,就更加容易失去学习的欲望。没有学习意志的学习是没有灵魂的,即便坚持学下去,学习者恐怕也难以取得好成绩。然后,他们就会后悔投身学习,陷入"再也学不下去"的恶性循环。

学习之初的失败是人人都有可能经历的,但只要坚持不懈地努力下去,就会有好的机会到来。很多上班族会因为学习成果达不到预期而感到受挫,最终彻底放弃。在遭遇挫折时,摆在自己面前的只有两条路:要么就此放弃,要么竭尽全力。

如果怀着受挫感学习,自然会使自己的学习效率下降,从而离通过考试越来越远。久而久之,多次备考失败的经历,会带来急功近利的心态,这只能增加考前的负担和紧张感。"要是这次又失败了,会不会给人留下更坏的印象""这次一定要成功啊,不成功可怎么办"……在这些情绪的影响下,学习的效率是不可能提高的。在学习效率严重低下的时候,对考试的恐惧感会增强,内心充满不安。这就使学习者陷入恶性循环,最后只好放弃。

身为上班族,心怀重拾课本的意愿,本就是一种最大的勇气。如果就此放弃,难道不觉得可惜和遗憾吗?既然已经下定决心重拾课本,挑战各种资格证书考试了,为什么不试着坚持到底?在学习的时候,千万不能患得患失,只有按照已经制订的学习计划踏踏实实地坚持学习,才能离通过考试的大门越来越近。

因情绪失控打乱学习节奏

家中变故或遭遇分手,都很容易导致学习的正常节奏被打乱。我的一个高中同学,曾经在高一时名列前茅,后来成绩突然掉落到了班级的中等水平。后来我才知道,他的父母当时正处于分居阶段,这件事对于他的打击太大,导致他的成绩急速下滑。

上班族容易因为家事而遭受心灵上的打击,在这种情况下,我们不管在书桌前坐多久,都无法全身心投入学习中。因此,我们可以把学习计划适当推后,给自己的心灵腾出休息和调整的时间。难过时,是无论如何都学不下去的。如果心事重重,就有可能在工作和学习的双重压力之下生病。因此,建议在调整好状态之后,再展开学习。

预防学习失败的方法

1. 只有心怀明确的学习动机,才能坚持不懈地学习;
2. 既然已经下定决心,就抛开挫折感和不安感;
3. 心里有苦衷时,不如先调整好情绪再继续学习。

备考心态3：
找到激励自己的理由

在电影《国王》中，高中生打架王朴太洙的父亲，是个有名的混混。有一天，朴太洙见到父亲跪在一个西装笔挺的检察官面前求饶。他这才知道，能够让自己那暴戾的混混父亲跪地求饶的，是检察官。从那天起，朴太洙决定将来也要成为一名检察官，因此开始拼命学习，考上了自己向往的首尔大学法学系，最后当上了理想中的检察官。

电影里面的故事可能有些极端，但是日常生活中也确实有人因为受到某种刺激而奋发图强、努力学习。比如，有人会因为学历不高被朋友的父母瞧不起，也会有些人因为英语不好在公司里被忽视。这些伤自尊的事，会让很多人瞬间觉醒，赌气一般地奋发图强。我们有时会在网上发现，一些人为了创造学习动力，寻找刺激，专门找人"挖苦"自己，在受到刺激后树立新目标，不断努力学习并且提高自己的能力。

我在备考时觉得每学习一个小时，分数每提高一分，就是胜利。但是那都是一厢情愿罢了。实力的提升无法用学习时长、学习量去衡量。实力会在特定事件的刺激下，以阶梯的形式向上跳跃。从决定学习和自我觉醒那一刻起，学习效率就会提高，学习成果也会很快显现出来。

在职场感受到学习必要性的瞬间

在面对多种多样的业务时，我们如果感觉自己需要通过学习来提高实力，就拥有了成功的基石。在上班工作时，如果对于自己本职工作领域缺乏了解，那真是可悲的事。如果我们在办理业务时，突然想到"该学习了"，就说明学习的欲望提高了。我在韩国国务总理办公室工作时，最初接到的工作任务是和经济相关的部门事务。我虽然在上大学时学习经济学专业，但是在实际工作当中发现大学所学的那些知识完全不够用。虽然我在大学取得过好的专业课成绩，但当时学习的经济学知识中仅有少部分能在现实工作中得到实际应用。在工作时，我需要了解各个部门的报告内容，如韩国银行或者其他韩国民间研究所提供的报告书，这些都无法依靠大学里所学的知识来完成。于是，我感到自己应该重拾课本了。

我在发现了自己工作中存在不足后奋起读书，我的工作业务能力自然获得了明显的提高。我在工作单位的良好表现，也造就了我的好人缘、好口碑。即使我的学习成果并不是特别直观，我也通过学习取得了工作上的成就感，这让我对学习越来越有信心和动力。希望大家一旦感觉到学习的必要性，就不要拖延，而要雷厉风行地展开学习。在工作中，我们如果觉察到了自身的知识盲区，就说明已经踏上了学习之路。

下班途中去书店逛逛

我曾经在韩国光华门附近的首尔政府办公楼里上过班，那时我每天下班后都会去附近的书店，闻一闻"书的味道"。每次去书店，我都能看到，新书静静地躺在展台上等待着读者。那里也是能够直观地感受世界变化的地方。阅读着不同知识领域的书籍，感叹着世人的努力。在看到各类备考书籍后，我也会对资格证书的种类繁多表示感叹。

只要能在书店里闲逛片刻，心中就会生出对于某些知识领域的好奇心。和朋友一起去书店时，也能找到各种有趣的话题。新鲜的想法，是创造美好日常生活的起点。

从周遭寻找刺激

生活在我们身边的人，有时会成为最大的刺激。看到亲密的朋友成功跳槽到了更好的平台，自己也会下决心更加努力地学习。有时，我们也会因为看到书中模范人物的故事，而获得不断进取的动力。

和周围的人断绝来往，仅仅生活在自己的世界里，是感受不到任何刺激的。只有不断和周围的人进行交流，才能在外界的刺激之下，优化自己的生活。如果想学得好，就需要不断接受外界的刺激。积极参加各种形式的聚会，从书上和新闻里了解不同领域成功人士的故事，都是不错的选择。我们生活的世界正处于快速变革的时期，人们拥有丰富多彩的生活方式。通过了解各式各样的生活方式来刺激我们的神经，始终保持对新鲜事物的兴趣，是很有必要的。

确立明确的目标

大家在忙忙碌碌的日常生活中，也许会有一个瞬间，心中突然闪现一个想法——不能再这样活着了。我的一位大学同学在服完兵役后，为了参加司法考试开始了备考。他坚持每天学习十五个小时，用一年零六个月的时间通过了二级司法考试。怀着坚定无比的学习信念，相信大家都会取得不错的学习成果。因此，学习的成败取决于是否下定决心。怀着坚定的学习信念，配合精准的目标以及具体的计划，我们在学习中将无往不胜。如果只是下决心学习，却在为学什么而徘徊不定，那么恐怕会把宝贵的时间都浪费在犹豫不决之中。这样怎能收获学习上的成功呢？确定目标当天，我们就需要雷厉风行地开展学习，制订具体计划，并将其逐一完成。

参加一些能让自己感受到学习乐趣的活动

成绩提高带来的成就感和乐趣，会让我们更加努力学习，从而取得更好的学习成绩。为了维持这种良性循环，我们需要参加一些能让自己感受到学习乐趣的活动。例如，在学习房产交易或股票投资时，可以参加一些线下的聚会，通过参加这些专业领域的见面会把自己学到的知识与他人交流，甚至可以拿出自己的一部分财产来进行实际投资，说不定还能赚到一些钱，何乐而不为？如果能够参加这些活动，一定会让学习变得乐趣无穷。只有感受到学习的乐趣，才能坚持不懈地学习。

> **寻找学习的理由**
>
> 1. 发现学习新知识对工作的重要性；
> 2. 通过读书对新领域产生好奇心；
> 3. 通过和他人保持交流来接受外界刺激；
> 4. 坚持参加一些能让自己感受到学习乐趣的活动。

备考策略1：
短时间备考也能上岸的秘籍

正在备考的人，大概都会寻找事半功倍的方法。我在准备资格证考试的时候，也常常思考这个问题。思考过后，我终于找到了合理的方法。于是，备考的时间逐渐缩短。而且从那以后，我在准备资格证考试时，总能用平均备考时间的一半时间成功取得合格的考试成绩。

例如，备考各级别的特许金融分析师考试一般需要九至十个月，而我大概只需要用五个月的时间学习；注册地产经济师考试平均需要用一年时间备考，我大概花四个月就能考过。我之所以能够在短时间内高效完成学习，就是因为我选择了正确的学习方法。以注册地产经济师考试为例，我分享一下我的学习经验，向大家介绍一套事半功倍的学习方法。

听两遍基础知识相关网络讲座

上班族没有时间去培训班听课，因此大多找一些网络讲座进行学习。然而，单纯依靠学习讲座来吸收知识，会花费很多时间。如果想提高备考的学习效率，就应缩短学习网络讲座的时间。我们可以听两遍基础知识讲座，略过问题解析和总结等内容，自己解题和总结，减少学习讲座的时间。我通常会自己找一些书上的习题来练习，最开始确实有些地方要依靠讲座的帮助，但独立解题更能提高个人实力。如果反复练习，则效果更佳。

有的朋友问我，为什么基础知识讲座需要听两遍？在最开始听讲座的时候，不要急于背诵概念或解决问题，只需要全面了解讲座中的基本概念，把科目相关的所有内容都听一遍。在听第二遍的时候，只需要做到以最快的速度再听一遍即可。这时，我们需要在头脑中对听过的内容进行提炼。而且在听讲座时，根据不同讲师的语速，以 1.2~1.4 倍速播放，同时拿出之前记过的笔记，检查笔记中的内容是否有误。集中注意力将自己的笔记内容记入头脑中。听完两遍之后，找出相应的习题进行解题练习，在基本理解相关知识后，再加快速度继续学习。

丢掉基础教材

基础教材非常厚重，内容量大。因此，我们在听过两遍基础知识讲座后，再把所学内容进行整理，会更有助于加快学习速度。如果自己整理比较困难，就可以在书店购买参考书籍。在听完第二遍讲座后，直接利用习题集进行解题练习，并针对笔记上的核心知识点进行复习。把从基础教材上面总结的知识点进行再次缩写，直到留在笔记上面的内容是教材核心中的核心，我们就可以丢掉教材了。我们如果有整理好的核心知识点笔记，就可以利用通勤时间或者睡前三十分钟，反复学习。这时，我们需要尽量将其背下来，以重要的和反复出现的内容为重点，反复学习。对于比较偏的题目，就集中在考前背一背。永远将复习的重点放在核心知识点上，每天坚持背诵。

按照二法则整理

下面，为大家介绍备考的二法则。把所学习的内容分为两类，并用两个颜色的笔来进行记录：一是重要的内容，二是难以记忆的内容。将其整理出来之后，既方便携带，利于平时复习，又可以利用考前准备时间在考场外临阵抱佛脚。在按照二法则整理完复习内容后，我们需要果断地放弃不符合二法则的内容。例如，果断删掉在考试范围以外的内容。当然，考试时也有可能出现不属于二法则的内容，但是如果将它们都记录下来，我们就无法集中全部精力应对核心内容了。如果在整理完核心内容之后，还有一些剩余时间，就可以适当扩大复习范围。

使用两种颜色的笔来整理核心内容，是因为两种颜色能使大脑快速直观地做出判断。就像开车时，看到绿灯就行进，看到红灯就停车，我们一看便知道应该怎样应对。只有用简单的两种颜色，才有助于大脑快速记忆所学内容。

我在给自己批改解题集的时候，会用红色的圆珠笔修改错题，如果看了三遍也记不住，我会用荧光笔标注出来。使用两个显眼的颜色来标注笔记上的内容，就不会遗落任何重要信息了。

重点练习习题集

我们要通过解题练习来把握常考内容。我曾经出过经济学考题，的确在出题前认真研究了很多考试真题。一般来说，考试出题者大多针对某些知识点进行了长时间的学习和研究，他们眼中的重要内容基本比较相似。因此，我们在备考时千万不要存在侥幸心理，认为已经出过的题就不会再考了。

利用历届考试真题把握复习重点，是最有效率的方法。而且，一定要利用考试真题来整理重要的计算公式。在每次出题时，出题者只会在题目的描述部分和数字部分进行修改，不会对公式做出任何改变。在考前复习的最后阶段，我们如果不把这些基础公式记下来，就会在考试时提笔忘公式。回想公式已经花掉了两三分钟，我们只会越来越着急，并往坏处想："要是都答错了可怎么办？"大家一定要在考前把历届考题里出现过的计算公式认真整理出来。另外，对于需要死记硬背的知识点，也应单独整理在笔记本上，在考试前再次背诵也有助于临场发挥。

预留 10% 的进步空间

以某个分数为目标展开复习，会不会提高学习效率？其实，以实际分数线的1.1倍为目标展开复习最有效率。例如，分数线在60分左右，就把65～67分作为目标展开复习。如果只是以录取分数线为目标来复习，会使合格概率降低。在考前复习时，如果感觉自己已经达到了分数线水平，就容易放松警惕。所以我们要预留10%的进步空间。

采用这样的方法，我通过了注册地产经济师二级考试，以平均62.5分的分数取得合格（合格标准：每科40分以上，平均60分以上）。这个方法只适用于绝对评估考试，对于公务员考试和大学考试等相对评估考试是不太合适的。对于竞争率非常高的考试，每一道题都不能轻易放弃，得一分是一分，对所有知识都要进行非常仔细认真地复习，才有可能通过考试。因此，上文介绍的方法只适用于备考时间相对紧迫的考试，并不适用于所有类型的考试。

备考策略2：
客观题快速提分法

很多考试都以客观题的形式出题。客观题一般都会在题目下方给出可供选择的答案，这种题型的可预测性较强，我们只需要在考前做好预测，就能在较短时间内提高客观题的得分率。在备考时，我们要推测可能的出题形式，减少花在非重点内容上的学习时间。下面就是我为大家介绍的，能够有效提高客观题得分率的学习方法。

以答案为中心展开学习

我们在考试中通过解题来得分，练习得越多就越能掌握解题要领，从而提高分数。但是为了在较短时间内高效备考，比起漫无目的地解题练习，更有效的是在例题中寻找题型变换的规律。题型变换是指，每部分知识点都会有一些例题，考试时的题目大多是这些例题的变形。我把客观考题中经常出现的主要变换题型整理成以下几条,仅供大家参考。

考察数字或关键词
- 注册地产经济师实际业务培训时间需要（ ）以上（ ）以下。请在括号内填写正确数字。

考察概念的涵盖范围
- 请选出下列选项中不符合交易合同项目的内容。

针对某一事件的进行顺序提问
- 请按照时间顺序排列国家权利被掠夺的过程。

考察特定概念的相近或相反概念
- 请选出以下选项中可以充当替代品的一项。

根据变化预测其产生的影响
- 正常财产所得增加会给需求带来何种影响？

根据说明进行正误判断
- 以下不符合需求曲线的内容是哪一项？

如果在备考时能够考虑到这些题型,就会对提高学习效率很有帮助。特别建议大家反复探讨考题里的相关题型。培训班提供的习题集，大部分是以考试真题为基础的题型转换题。我们可以利用历届真题把握出题的重点，也可以通过各种渠道寻找习题集，从而熟悉各种题型的解题方法。

大多数客观题都是判断对错

客观题主要针对题目进行正误判断。我们在做题时更应该注意题中的错误表述。错误表述的内容，大多是针对重点内容进行的修改与变换。

在选择对错的题目当中，如果能对错误表述一一进行排除，就可以提高我们寻找"准确表述"的效率。例如，"委托管理房产投资公司除总店以外可以开设分店，不允许雇用兼职或全职人员"就是一个错误表述。正确的表述是，"委托管理房产投资公司除总公司以外不允许开设分公司"。这两个表述之间的区别就在于，是否允许开设除总公司以外的分公司，我们如果考前对此项内容做过复习，就能很快答对。在选择错误选项的题目中，只要能找到错误的选项，就不用再花时间看其他选项了。

我们也会在考卷上遇到一些难以进行准确判断的题。这时就需要我们通过考虑选项之间的联系来进行判断。

单独整理需要背诵的内容

我们无法背下来书上的所有内容。为了能够提高学习效率，我们需要分析背诵的必要性，并根据此内容的考察频率进行学习。在考试中,如果出现题型转换类问题的可能性较高,就需要准确背下相关内容。根据内容的重要程度来判断是否需要准确背诵,我们可以对此进行以下分类。

背诵重要度　高
·经常考察的内容一定背诵。

背诵重要度　中
·虽然经常考察,但如果理解大意就可以进行准确判断,无须全部背诵。

背诵重要度　低
·出题频率较低,大多数考生不会背诵的内容。

背诵重要度为"高"的内容,我们一定要在书上画出来,再单独整理,时常复习。如果即使这样做也背不下来,就把这些内容记在纸上,带到考场外,在考前的三十分钟内再看几眼。

备考策略3：
主观题再多得一分的答题法

我曾经在行政考试培训班里做过兼职，专门批改试卷上面的主观题。我需要在一天内看完 20~30 份主观题答卷，每份约十页。即使现在想起来，也觉得当时的工作量非常大。但是说句心里话，当时我并没有因为工作量大而感到为难。我发现，试卷上面的答案，内容非常相似。在众多相似试卷中，确实会有几张答卷比较亮眼：那些能够把关键词准确表述在关键位置的答卷，一定是能够得到高分的答卷。

先在答卷上找出得分点，再根据评分标准中的评分规则判断加减分。只有严格按照标准答案来评分，才能确保批阅工作的准确性。那么，究竟谁的主观题答得好？我认为，知识渊博的人未必能答出高分，因为头脑中掌握的和表达出来的不能等同。虽然所学的内容相同，但表述方式不同就会使分数产生差异。下面，为大家介绍一些主观题的答题方法，仅供参考。

盯住关键词

虽然广大应试者都非常认真地书写主观问题的答案，但是并非所有阅卷人都会仔细认真地阅卷。以论述考试为例，一位阅卷教授要批阅大概一千名考生的答卷，并且要在几天的短暂时间内完成。因此，每张答卷的批卷时间甚至不到三分钟。在考试时，如果我们用过长的篇幅来回答问题，反而会给阅卷人带来阅读负担。阅卷人其实并不期待看到内容深奥的答案，只希望能看到标准答案上面的内容。

在回答主观试题时，读懂问题最为关键，找到题眼，即问题的考点，进行回答。而且，核心词汇很重要，把核心词汇回答出来就是制胜关键。我们在回答主观题时，应尽量用"总提分述"的结构来答题，一定要在每段开头写上关键词，这样能更加清晰地向阅卷人展示自己的答题思路。这就是能够提高一分的主观题答题秘诀。对于计算题，计算得出的最终结果固然很重要，计算过程中使用公式的步骤也需要明确表示出来。

在韩国行政考试第二阶段，题目设定的范围较宽，会针对各个科目提三至四个问题。我们不可能在考前把所有科目的全部内容都记在脑中，然后统统写在答卷上。我们必须学会记住核心词汇，到考场答卷时再将这些词汇串联成文章。以"外部效果"相关的主观题为例，"给第三方创造利益或带来损害""意图""代价""工厂废气"，我们先把这些关键词记住，然后在答题时写成下面的文章："外部效果指的是，某一经济活动进行时，无意中给第三方造成利益或损害，这种情况下的成本后果不完全由该行为人承担。例如，工厂在进行生产活动时，排出的废气对附近居民造成的损害。"如果我们在考前死记硬背，很容易在考场上遗漏一些关键词汇。建议大家像我一样，把关键词记住，在考场上临场发挥，根据关键词之间的联系写成文章。

答案简洁

答题时，答案一定要简洁。如果答案过于冗长，就容易影响核心内容的表达。尽量减少使用"和""与"等表示并列的连接词。没有讨厌精练文章的人，但一定会有讨厌长篇大论的人。

在写文章时，需要注意语法的正确性。例如，"某些人如果对我们进行隐瞒会伤心失望"，句意模糊。把这个句子改成"我们会因他人的隐瞒而感到伤心失望"，句意便明确了很多。如果语法有误，阅卷人进行判卷时，就有可能认为答题者的表述不清晰，很难给出高分。

认真书写文字

考试对于任何人而言都非常重要，我们甚至会购买许多高级文具带入考场。但事实是残酷的，阅卷人绝对不会因为我们用了高级文具就给我们高分。其实，带着自己平时常用的文具进入考场即可。在考场上，我们在解答主观题时，可能会因为不适应新买的文具而影响临场发挥。拿着平时用惯了的文具，心里会有一种熟悉的安全感。

一般来说，字写得好，答卷就会让人赏心悦目，会有加分的可能。尽管我们更加看重文章内容，但是这种考试往往一分的差距就能决定考生的命运，所以能多得一分就多一分胜算。即使字写得不好看，我们也要把字写大一些，从而增强文章的表现力。一般情况下，紧张心理会使考生的笔速加快，答出一张字迹凌乱的试卷。在考场上一定要努力地把每个字都写得清晰得体。

有效的主观题答法

1. 用演绎法排列关键词；
2. 答案要简洁明确；
3. 书写要清晰得体。

备考策略4：
独自备考怎样保证学习质量

备考，就是一场孤军奋战。如果想把学过的知识都变成自己的东西，就需要独自领悟知识的真谛。从备考时间的安排上来看，只有按照自己的时间制订学习计划，才能使效率最高。但是像我们这样独自奋战在备考路上的战士，有时可能会怀疑学习思路的正确性，甚至会感觉自己像是漂在海上的一片孤舟，孤立无援。因此，我们在独自备考时，需要随时确保自己正朝着正确的方向学习。

没有必要跟对手论高下

在备考阶段，有些朋友好奇自己在所有备考者中的排名。从结果上考虑，这种想法是完全没有必要的。

在备考的过程中，没有必要纠结自己是否优于其他竞争者。我们首先需要确保自己的实力能够达到分数线要求。在积

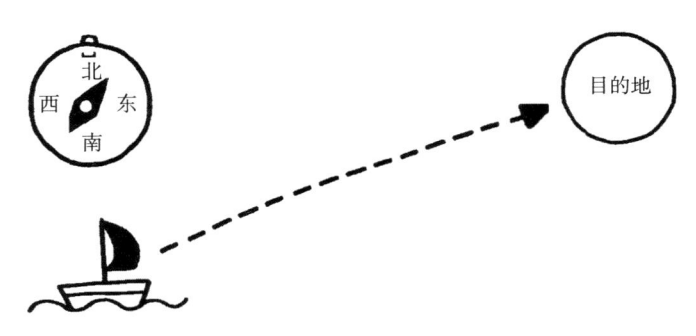

孤军奋战时更应该坚持正确的学习方向

累了足以达到考试分数线的实力后,再通过模拟考试等方法来确定自己目前的排名。

首先,出题的趋势很重要。要深刻理解考试真题(最近五到十年)中的核心内容。在学习考题内容时,要了解考试的出题重点,通过错题了解出题者的题型变化策略。把已经考过的题目熟记于心,这样在应考时就可以避免出错。

其次,我们在备考的过程中,需要随时注意自己是否在向着分数线靠近。在解答练习题的过程中,注意自己的准确率是否在提高。如果做相同类型的题目会重复出错,且做题时没有明显加快速度,就说明目前的学习方法存在问题。备考是一场"自我的战争",提高实力是首要的任务。

在学习的过程中对自己使用的学习方法产生怀疑,是正常现象。每个人的知识量和学习方法都不同,只要自己的学习方法有利于提高学习效果,就可以采用。但是我们需要随时注意自己的学习方法能否对备考学习产生持续的促进作用。每天学过定量内容后，对所学知识点进行测评，检查答题准确率，对于错题要客观分析出错的原因。

学习要保质保量

学习时，我们会拿不准考试合格的标准。想要考试合格，确实需要花费一些时间，也确实需要阅读一定数量的书籍。但这并非代表学得越久、学得越多，就能考得越好。如果按照花费时间的长短来判断学习成果，照理说学习十年之久的考生应该能取得最高分，但遗憾的是，事实往往并非如此。在备考时，我们一定要既重视学习的量，又重视学习的质。

学习的量，是指为学习投入的时间。学满一定时间，学习实力自然会增强。上班族在学习过程中，要确保每周学习20~35个小时。只有保证了学习时间，才有机会取得考试成功。

学习的质，是指在一定的学习时间内学习了多少知识。为了取得考试成功，我们需要获得一定的知识储备。以考取注册地产经济师资格证为例，考生至少需要研读两遍基础书籍，钻研两遍考试真题，复习三遍要点整理，还要在培训班参加模拟考试与考前冲刺讲座。

学习质量如何保证，取决于自己的学习能力。如果认为自己的知识储备不足，就多看几遍书籍，多听几遍讲座，从而实现有计划地提高实力。先确定整体的学习量，再根据考试时间计算每天的学习量。确定一周的学习内容后，每天坚持完成当天的学习任务。坚持定量定时学习,积少成多,一定能顺利完成学习任务。

学习的质和量相辅相成。为了取得考试成功,我们需要一定量的知识储备。为了获得这些知识量,我们要确保定量的学习时间。换言之,确定学习的量之后,保证投入相应的学习时间,并且在学习时间内保持高效的学习状态,就一定能取得理想成绩。

学习的量:实际学习时间
· 通过严格执行科学的时间管理保证学习时间

学习的质:一定时间内的学习总量
· 在一定的学习时间内确保能够完成学习任务

选择口碑好的教材和讲座

我们在自学备考中需要考虑教材与讲座的选择问题。第一次备考时,我们可以在网上的各大论坛寻找呼声较高的讲座来进行学习。这是最保险的方法。在了解到一些口碑较好的书籍之后,最好先到书店浏览下内容,再进行购买。

我们在选择教材和讲座时,会发觉有些广受好评的书籍和讲座似乎不太适合自己。在学习时,如果发现这些讲座和书籍过于晦涩难懂,或无法接受讲座和书中推荐的学习方法,我们就需要及时更换其他的讲座和书籍展开学习。不过,我仍然建议，对于大众推荐的口碑较好的讲座，即使自己不喜欢，也要从头到尾听一遍，这样能够了解大多数备考者的学习方法和学习内容。

孤军奋战备考时的注意事项

1. 不与他人争短长；
2. 学习要保质保量；
3. 选择口碑好的教材和讲座。

考资格证书，先想清楚这几个问题

资格证书对于上班族而言，就像是衣服。我们只有在各种场合穿着得体，才能受人瞩目。衣服穿得多少并不是重点，重要的是衣服是否合身。有些资格证书对别人来说也许非常重要，但并不代表对于自己也一样有用。即便有些上班族马不停蹄地拿到了不同的资格证书，也不代表所有的资格证书都有助于他们另谋高就。我们只有善于取舍，才能避免将宝贵的精力浪费在无用的备考中。

资格证书的个数并不重要

资格证书的质比量重要。在同一领域，考取很多低级证书毫无用处，只有取得该领域最高级别的资格证书，才能彰显实力。假如我们在参加公司面试时，站在面试官面前细数自己取得的一百个资格证书，估计没等说完，面试官就被气跑了。在工作时也是如此，我们根本没有时间跟老板闲聊那一百个资格证书的事。只有取得的资格证书与业务相关且含金量高，我们才能引起别人的注意。假如真的拿到了许多含金量较低的资格证书，那么和学习的成果相比，我们付出的努力便是不值钱的。

展望未来

在选择自己要考取何种资格证书时，最需要考虑的因素就是该资格证书对未来是否有帮助。资格证书能起到什么作用？是否有助于自己晋升或跳槽？这项考试难度如何？在考虑这些因素时，我们还需要结合费用以及报考人数等因素，进行综合分析。

目前，韩国经济环境正处于低利息阶段，资金基本向安全且收益率高的地产市场聚集，所以我逐渐对地产交易产生了兴趣，并且决定备考注册地产经济师资格证书。实际上，报考二级注册地产经济师的人数在 2013 年为 62380 人，到了 2018 年增至 120558 人，五年间增加了将近一倍。注册地产经济师考试可以说是比较热门的资格证书考试。从我自身来讲，注册地产经济师资格证书对于我的工作业务也会产生很大的帮助。

在进行了多方面考察和分析后，如果决定了备考哪种资格证书，就不要再受到亲朋好友意见的影响，埋头备考即可。在我备考特许金融分析师时，韩国大部分公务员还不太了解这个资格证书。身边的朋友总是问我："你为什么考这个？"我在选择这个考试时，已经做足了分析。当时特许金融分析师虽然在韩国国内比较少见，但在国际上早已流行。在预测了它的前景后，我便决定着手备考。

考取别人望而不及的资格证书

越多的人考取，则该资格证书就越是贬值。考虑到"物以稀为贵"的道理，考取两个其他人难以考过的资格证书，才不枉为备考投入那么多精力。例如，税法精英不计其数，但是既精通英语又精通税法的人如凤毛麟角。我们如果对于税务相关的业务已经非常熟练了，就可以考虑学习英语，毕竟技多不压身。

只打有把握之战

在备考之前，计算所需的时间和费用，这样在备考时，就能合理地分配复习时间，如根据每周的学习时间安排学习任务。

我们还需要考虑其他因素。例如，报考美国资格证考试的费用不可小觑，而特许金融分析师的考试由于应试时间和考试级别不同，费用为71万~140万韩元。此外，报考美国注册会计师要身赴美国参加考试。而且，美国注册会计师考试在不同州有不同的应考条件。因此，在每次备考前，我们都需要针对这些现实情况进行多方调查，如果自己符合各项应试条件，再开展学习就会省去很多无用功。

第五章
支撑上班族坚持学习的精神支柱

重拾课本前，思考三个问题

人们常说，"学习的头脑是天生的"。是否果真如此？上高中时，班上的同学总对我说："我要是也能像你那么用功学习，早就是全国第一了。"我在更小的时候，也从来没听过别人夸我聪明。直到我考上了知名大学，我才听到旁人赞叹我头脑聪明。

在学习的过程中，我总结出：只有你取得了考试的成功，身边的人才会认为你有学习头脑。成绩好就被称赞有学习头脑，成绩差就被说成没有学习头脑。成绩提高时，旁人就会认为"原本就是有学习头脑，努力就能考好"。如果成绩下降，旁人就会认为"是没有努力学习造成的"。最后，他们得出的结论就是，"成绩 = 学习头脑"。

我的哥哥从小立志当一名救死扶伤的医生，但是他的成绩直到高中毕业都很差。高三时，他的考试成绩没能达到报考医科大学的分数要求，最后他选择了复读。那时，没有人期待哥哥能够考上医科大学。父母期待着哥哥能够通过复读考上更好的学校。然而，哥哥的复读在反复进行着，甚至第四次复读时的成绩也无法达到医科大学的报考标准。身边的亲朋好友都建议哥哥停止复读，父母也认为他应该挑一个与他的实力相当的大学去上学。但是哥哥痴心不改，坚持要考入医科大学。在第五次复读后，我的哥哥在坚定的意志和不懈的努力之下终于达到了医科大学的分数线，成功入学。

当然，进入医科大学并不是完美结局。为了成为真正的医生，他需要付出更多的努力。哥哥在首尔做住院医师时，总在外出时到我的小屋休息。据我观察，哥哥的住院医师生活就是在"削尖了头"的竞争中拼命地努力。我甚至劝哥哥："这种生活简直是煎熬，不如中途放弃。"但是哥哥丝毫不为所动，咬牙坚持度过了住院医师时期，成功地成为大学医院的教授。所有人都觉得医生们都很聪明，但他们并不了解，"聪明"其实源于付出无数血汗的努力。

我们应该更加重视"努力的价值"，而非"学习头脑"。与其感叹头脑的好坏，不如思考如何通过努力提高自己生活的质量。如果相信"学习头脑与生俱来"的世俗观念，就会将时间浪费在怨天尤人中，错过了认识到努力的价值的机会。

上班族如果已经开始为了学习而努力，就不要丢掉努力的价值。若要让自己的努力充分体现价值，就一定不能搞错努力的方向。如果已经工作了十二年之久，心里自然会生出一些疑问，比如"我到底要工作到什么时候""我想要的生活到底是怎样的""只要我肯努力，我的生活就会发生变化吗"。最重要的是，我们不能站在错误的角度思考这些问题。要思考自己身处在周围环境中应该如何行动，也要思考自己在这个世界中应该如何行动。

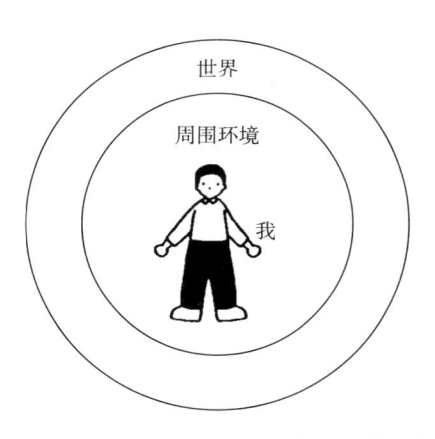

我对自己与周围环境、世界的关系的思考

对于自己和周围环境以及世界的关系的思考，能够让我们从新的角度思考旁人对我们的评价，也能让我们学会以新的视角思考世俗观念。在这一章节，我从应该怎样看待自己、周围环境以及世界的角度出发，同大家讨论上班族在学习中必备的精神支柱。

反观自我1：
别低估自我开发的能力

无论是谁，都会思考这些问题，"我为什么没有天生的才能""我为什么没有天才的头脑"。但是，我们为什么总是忽略自己拥有的才能，觉得自己没有的才是最有价值的呢？人们总是在失去之后才懂得珍惜。

我相信，每个人在出生后都具有自我开发的能力。就如身体自然而然成长的道理一般，人们自然而然便能知晓怎样进行自我开发了。

情感外露也很好

孩子们会自由地表达自己的情感，喜欢就说喜欢，讨厌就说讨厌。他们不会因为别人的喜好而收敛自己的情感。但是随着年龄的增长，他们开始因顾忌他人的感受而控制自己的情感表达。为了隐藏真实情感，内心备受煎熬，在压力之下心事重重。在非常艰难的时刻，人们也要用一句"我没事"来强制性地压抑自己的真实情感。问题得不到解决，便积压在心里造成了更大的压力。为什么我们无法真实地表达情感？

我们所在的社会有个世俗观念：如果无法控制情感，就不能适应社会。如果率真地表露出真实的情感，就会被身边的人评价为不够成熟，然后被教育该如何隐藏真实情绪。在工作中，有人甚至会因为真实地表达情绪而遭遇不公的待遇。

我曾经和一位嗜酒如命的领导一同参加一次酒席。酒席上，领导对我说："李事务官不是不喜欢喝酒吗？"我老实回答："是的，我不喜欢喝酒。"然后，他又对我说："那你怎么还喝酒？"我说："为了迎合酒席的气氛才喝上几杯。"然而，当时我应该回答："不是的，我也喜欢喝酒，而且能够跟您一起喝酒绝对是我的光荣。"

我在入职初期对我的领导们说过无数的"谎言"。长此以往，我发现心里积压了很多无处倾诉的压力，也领悟到这样下去只会让自己感到痛苦。所以，在后来的日子里，我尽量活得真实坦荡。

越是会阿谀奉承的人，工作越会风生水起。但我下决心不再取悦领导，并选择为了提高自身能力而努力。自从有了这个想法，我的内心趋于平和，学习也渐入佳境。

不要被社会评价所累

孩子们都爱穿带有自己喜欢的图案的衣服。他们不会在乎衣服的贵贱，也不会在乎品牌的大小，只根据自己喜好的款式来选择衣服。

但是，大人们却在不知不觉间活在了他人的眼光和评价中。"衣服是某某牌子""昨天在高级餐厅和某某一起吃饭"等，这些吹嘘之词在生活中不绝于耳。听到朋友们的炫耀之后，自己也会忍不住跟风吹嘘起来。孩子们幼小的心灵也会逐渐受到污染。

为了找到有效的自我开发途径，我们需要把非必要的社会评价丢到一边。

几年前，我在和女友逛街时看到了一件自己喜欢的衣服，就拿着衣服走进了试衣间试穿。稍后，我的女友也走了过来，此时我们听到商场导购们在议论我是否买得起那件衣服。大概是因为我的衣着打扮十分朴素，才引起了她们的怀疑。尽管听到了她们的闲话，我也并没有感到不开心。如果因为这些毫无价值的评价而感到压力，那么只会让自己受伤。

乐于尝试

孩子们最令人感到惊奇的能力，就是乐于尝试。对于孩子们来说，所有事物都是新鲜的。孩子们无所畏惧不停尝试的样子，和曾经纠结要不要当医生的我自己，形成了鲜明的对比，我因此深感惭愧。

随着年龄的增长，我们在面对新鲜事物时，会十分迟疑。我们会因为别人的眼光而犹豫，也会被各种各样的现实因素缚住手脚。"如果现在准备某某考试,身边的人会不会认为为时已晚""我可是某某大学的优秀毕业生,现在做这种事,别人会不会笑话我""现在才决定从头开始,年龄会不会太大"……我们会被这些想法阻挠,在通往新生活的道路上半途而废。

几年前,我曾经跟我的大学同学讨论过未来的道路。在我对前途倍感迷茫时,我的大学好友为我提出了重要建议。

"当你不知从哪里开始时,只需要考虑自己真正想要的东西。"在这句话的鼓励之下,我轻松上阵,有了从头再来的勇气。

我们往往会因过度犹豫或他人劝阻而放弃。其实,我们只需要鼓足勇气开始做。很多人问:"我年龄很大,现在才开始准备某某考试能行吗?"好笑的是,问这个问题的,既有三十多岁的人,也有25岁的人。小孩子学习用筷子吃饭时,不会问"我能抓得住筷子吗""如果筷子用不好妈妈笑话我怎么办"这样的问题。没有开始的勇气,恐怕连筷子都拿不好。

感知微小幸福

在孩子的眼里,就连落叶飘落都让人愉悦。也就是说,孩童正处于对所有新鲜事物都感到好奇和愉快的年纪。孩子们会因为声音与表情的细微变化而欢笑。

而长大成人的我们,也应学会为小小的喜悦而快乐。在生活中,我们不会每天都经历买房、参加工作、考试合格、大学入学等大事。如果只是追求这些大的幸福,就很容易对生活感到不如意。只有把目光集中在小的事情上，我们才能时常感到幸福。实现医生梦想的哥哥，每次看到儿子们的照片和视频都会双眼发亮。心怀远大理想固然重要，但是日常生活中的小幸福也令人心醉。

我们已经具备了拥有幸福生活的能力，假如不断纠结于"我的能力实在微不足道"，那么生活将变得毫无希望。

反观自我2：
正视并克服学习瓶颈期

大多数人学习的过程中，都会出现瓶颈期。"瓶颈期"，意为"事物在变化发展过程中遇到了一些困难，进入一个艰难时期"。学习中的"瓶颈期"是指，"因感到无能为力而造成长时间无法集中学习注意力的时期"。

学习瓶颈期的出现，是由学习动力不足造成的。如果学习不是自己的真正意愿而是无可奈何的选择，那么我们就会在学习的途中失去动力，瓶颈期便随之而来。学习瓶颈期并非突如其来。持续的失败和悔意，都将导致学习瓶颈期的到来。

学习瓶颈期的到来有各种原因，比如特别的季节（春天或秋天），或者和恋人突然分手，这些事件造成的心理冲击往往是瓶颈期出现的导火索。原本为了恋人决定开始备考公务员考试，两人突然分手会使人顿时失去学习的信心和动力；原本成绩很好，结果一落千丈；原本目标坚定，结果陷入迷茫。在不断失败的挫败感之下停下学习的脚步，渐渐进入学习瓶颈期。

一些备考生不管怎样学习都无法提高成绩，在挫败感的累积下，进入学习瓶颈期，提不起精神。他们原本对于自己的应试能力和学习能力很有自信，却没能在实际考试中取得预期成绩，在碰壁感和挫折感的折磨之下，越来越无法坚定地学下去，只能深陷学习瓶颈期的困境。

如果长时间找不到从学习瓶颈期中逃离的方法，就会陷入长期的恶性循环，甚至出现更长时间的停滞期。只要陷入了学习瓶颈期，注意力就无法集中，成绩也就无法提高。回顾陷入学习瓶颈期的过程，我们会发现，很多原因都在自己身上。正是我们看待自身的角度和失控的情绪，带来了学习的瓶颈期。

享受学习瓶颈期

我的很多朋友虽然进入了学习瓶颈期，却很享受这个过程。我说的"享受"是指，在瓶颈期感到痛苦时得到亲友的安慰。克服学习瓶颈期的困扰，与其自己苦苦挣扎，不如从亲朋好友那里获得理解和安慰。这也算是一种心理上的补偿。

在阳光灿烂的春天里，朋友们成群结队外出旅行，只剩下自己临窗苦读，确实苦不堪言，忍不住在心里叫苦："我一直都在努力，怎么还是落得个头悬梁锥刺股的命。"我也是坚持在周末学习的上班族，所以特别能理解这种心情。每到这种时候，我都希望能得到一番劝慰。假如深陷学习瓶颈期，而自己又不努力尝试走出来的话，恐怕很难克服这种情绪。然而，我们也不要可怜巴巴地等着别人来安慰自己。学习瓶颈期的困境，更需要我们凭借自身的力量克服。

即便努力学习也有可能遭遇瓶颈期

明明付出了百分之百的努力，却在学习的中途陷入瓶颈期。实际上，对于努力备考的应考生来说，学习成绩长时间得不到提高就会让人感到受挫。在挫折感的折磨之下，我们很容易走向错误的学习之路，甚至直接放弃学习。

如果不想出现厌学的情绪，最好随时检查自己的学习效果，每天通过做练习题检验成绩是否有所提高并进行查漏补缺。如果以现在的学习方法无法提高成绩，那么就需要尝试新的学习方法了。

相反，在没有努力复习却取得高分的情况下，也会出现学习瓶颈期。得了高分就想着"再多得几分就能通过考试了"，从而在学习方面有所懈怠，此后一旦出现成绩下滑，肯定会产生挫败感。这时，模拟测验的高分，反而会成为我们的绊脚石。在网上论坛经常看见有人发问："做了历届真题，发现自己成绩还不错，是不是不用复习就能通过考试呢？"令人遗憾的是，答对所有考题不代表一定能考取资格证书。请不要把模拟考试成绩和真实考试成绩相提并论。

只要有心就一定能克服学习瓶颈期

出现学习瓶颈期的原因大多是自发性的，即明明自己感到学习状态不好却并不重视，最终深陷瓶颈期而无法自拔。在学习的时候，我们需要怀着适度的敬畏心。也就是说，当客观判断出自己的学习方法并不正确时，就需要通过自己的努力进行改正。

我在学习的过程中，经历过不少次学习瓶颈期。说句实话，上班族在学习过程中的每一瞬间，都有陷入瓶颈期的危险。在学习的过程中，我们要时刻注意克服这种不良情绪。学习瓶颈期是自己制造的学习障碍，因此也需要自己努力克服。每时每刻，学习瓶颈期都有可能到来，我们要相信，自己可以成功克服这种厌学情绪。

反观自我3：
将失败化作通向成功的路

所有事情都有成败得失，我们也会因此遭世人评说。学习也是如此，考试过后自然会出现第一名和最后一名。找工作时我们也会发现，工作岗位招聘时都会有名额限制，有合格入职者，就必然会有淘汰者。如果参加比赛，就会有输赢之分。

任何人都想获奖，但是现实总是会给人当头一棒。我们认为势在必得的奖励却求取不得，这让人感到愤愤不平。明明是别人送给自己的彩票，如果没有中奖的话，自己仍然会感到失落，这就是人的心态。但经过冷静的思考之后，我们会发现其实失败没什么大不了的，也没有必要因此而心烦意乱。

失败原本就多于成功

我在前文提到，我有一个参加过诸多资格证书考试的朋友。我曾问他:"怎样做才可以通过考试呢?"他回答道:"其实我落榜的考试比通过的考试还多呢!"听了他的答话,我暗骂自己提出了这么白痴的问题。其实,他的考试成功经验,就是我们听过数百遍的那句"失败是成功之母"。

假如某个考试的竞争率是100∶1,即在100名考生中仅有1名合格,其余99名将被淘汰。在准备这类竞争率较高的考试时,我们首先应想到,考试失利是常有的事。

通过学习来改变生活状态,需要在长时间的潜移默化中才能实现。蒂莫西·费里斯在《每周学习4小时》这本书里,介绍了在规定的工作时间内高效完成工作的方法。如果不对时间有所限制,就很有可能造成时间的无限浪费。因此,应固定每天下班的时间,确保在限定时间内高效完成重要的工作任务。由于我对书中的观点非常认可,就下决心从第二天开始提高工作效率,快速完成工作任务。可惜的是,当天我还是工作到晚上11点才回家。在真正的工作当中,我们很难像书中所说集中精力只完成重要任务,也很难随心所欲地调整工作时间。这些先进的工作方法不是一天两天就能发挥成效的,需要在长时间的努力中才能显现出作用。我们不要期待只要今天努力学习了,明天就能达到人生巅峰,学习对于生活的改变是潜移默化的。因此,不要在失败时过于沮丧,而应享受努力的整个过程,在这个寻求改变的过程中,体会学习给生活带来的一点一滴的变化。

令人羞愧的不是失败而是过程

"失败是成功之母",这句名言众所周知。但是,我们害怕失败,经历失败后会陷入被淘汰的懊恼情绪中。从什么时候开始,我们认为失败是令人羞愧的事呢?在我们的成长过程中,大人们对我们有无数的期待。逢年过节,亲戚长辈们会问我们期末考试的排名。跟父母外出时遇到父母的友人,我们又会被这些叔叔阿姨们问起学习成绩。这就是当今社会的普遍问候方式。社会的教育体系是根据学习成绩来判断学生好坏的,这造成了"学习成绩不好,就是失败"的观念。

我们通过大众媒体看过很多成功人士的演讲,他们在介绍成功之前的人生经历时,谈及最多的就是失败经历。但在演讲内容里,失败只是一段短暂的描述,而且他们的失败最后都成为通向成功的基石。但是,失败不能保证我们在未来取得成功。许多人也会将"失败"看作"挫折",从来不会由现在的失败联想到将来的成功。因此,任何人都想隐瞒自己失败的经历。

其实,比起失败的结果,过程更加让人羞愧难当。换言之,与其为失败的结果而感到羞耻,倒不如为没能在过程中全力以赴而感到丢脸。在我的中学时期,有很多朋友每次考完试拿到成绩单,都会因为没考好而羞于见人。但是他们依然瞒着父母,用买参考书的钱去打游戏,这样的行为反而是他们觉得值得吹嘘的事。我们不应该因失败的结果感到羞于见人,反而应该为自己轻易违反行为准则的作为而感到羞愧。假如全力以赴地努力过了，即使结果是失败的，我们也不会在心里留下遗憾和悔恨。

只要成功一次就行

生活中，能让我们拿出成果的事情没有几件。一般来讲，就是高考、就业、考取资格证书等。我们只需要在这几次重要事件上取得好结果即可。一年内有多次公务员考试的机会，只要考过一次，我们就能如愿当上公务员。其实，我们为了一次成功，经历了无数次失败。绝对没有必要为一次失败消耗过多的感情。我们只需要取得一次成功即可。

我在上大学时遇到过一位前辈，他曾经向很多单位投了简历，而且几乎所有单位都给他寄来了入职材料。我们这些学弟学妹们对他投去了无数羡慕与崇拜的眼神。当然，那位前辈只能选择一个单位入职。在这些入职邀请函中，他选择了最想去的单位。

成功和失败都是自己的缘分。即便在人生中的重要时刻失败了也不要气馁，再找机会赢回来即可。因此，大家绝不要因一次失败而受挫。为了一次成功，之前经历的所有失败都只不过是在练习，那只是通往成功的必经之路而已。在无数失败的尽头，我们一定能看见璀璨的成功。

面对失败，如何反败为胜

尽管"失败是成功之母"，但我们还是要尽量避免失败。失败后，重要的不是后悔当初的付出，而是要通过失败积累通往成功的经验。只有正确对待失败，才能收获美好的未来。如果不能机智地面对现在的失败，就将面临将来的失败。现在决定着未来。

学习时可能会遇到哪种情况

在"绝地求生"的游戏中，每局有一百名游戏者参与其中。如果游戏者被淘汰出局，就会出现"游戏总有输赢"等字幕。学习也是一样，也可能会遇到类似情况。

努力学习后，成绩不但没能提高，甚至还有下降。有时我们感觉准备得非常充分了，却依然没有得到令人满意的结果。我并非常胜将军。我也是在努力学习之后，艰难地取得了合格的成绩，这个过程也是非常曲折的。

我们没有必要因为一两次的失败而怀疑人生。重要的是，随时检查自己的实力是否逐渐提高，身心状况是否良好。不要过于在意我们在学习过程中遭遇的短暂挫折。只有丢掉失败带来的沉重包袱，才能继续努力。

分割结果和情绪

人们如果遭遇失败,就容易变得过于敏感,有时会忍不住对别人发脾气,甚至陷入怨天尤人的深渊。事实是,失败的结果往往会消失在记忆深处,而关于失败的负面情绪却留在脑海里挥之不去。我们要区分"不好的结果"和"不好的情绪"。如果考试结果不理想,就客观地分析失败原因。如果因为失败而伤心不已,这种情绪就会影响我们的学习状态,使我们距离成功越来越远。

努力排除导致失败的因素

考试结束后,考生都会觉得备考的时间不够用,心里会产生"要是还能有几天复习时间就好了"的想法。如果有了这种想法,就应试着想出对策,在今后制订学习计划时,找出那些容易被浪费的时间。

我在行政考试的考前一个月就把所有内容熟记于心。因为我知道不管复习计划多么严谨,还是会出现一些情况,导致进度出现延迟。实际上,我在准备行政考试时,计划还是因为某些原因拖延了两周,幸好我在制订学习计划时就考虑到了这种情况,预留了两周的自由复习时间。

考场的临场发挥也是一个道理。不允许自己失败的完美主义答题者,大多在认真读懂题目之后努力思考答案。在我的同学之中,有一位来自首尔大学的朋友,他在期中、期末考试时会将自己的答案检查多遍再交卷。听说他为了保证足够的检查时间，拼命加快现场的答题速度。

只有努力排除导致失败的因素，才能长期发展。但是，我们一般都会在失败后伤心不已，不知在行动上进行改进。只有行动起来，才能避免再次失败。

反观自我4：
过于专注学习，也有副作用

"许多药物如果长期服用就会产生副作用。因此，我们需要给身体留出恢复的时间。假如一定需要服用药物治疗疾病，也要尽量确保药物的副作用被降到最低。我们在治疗疾病时，不能不考虑药物的副作用。"

上面这段话，是我大学课堂上听一位教授说的。在听到那番话之前，我单纯地以为，治病时只需要"不择手段"地治好病就行，没有想过在治疗过程中，药物会产生副作用。学习也是一个道理，我们在学习时总是朝着好的方向去想。但事实上，我们过度专注于学习，也就意味着我们需要放弃某些学习以外的追求。学习的副作用，也是存在的。

补偿心理会毁掉学习的决心

"为了学习，我做出了多么大的牺牲啊。"

不管我们做什么，都存在一种执念。学习尤其如此。努力学习过，自然就会渴望成果的到来。然而，这种补偿心理恰恰会成为日后的绊脚石。

我的一位大学前辈，用了好几年的时间准备行政考试，但每次考试分数都与分数线相差毫厘，都以失败收场。他在快三十岁时做了一个决定，为了不耽误就业，考完六月的第二场行政考试后，开始准备企业的应聘。就在那年冬天，我接到了前辈的电话，他正处于矛盾当中。他已经拿到了某大企业的入职书，却又放不下行政考试的终场考试。前辈说出了心声："我觉得最可惜的是，为了考试付出的那么多努力。"

我毫不犹豫地对他说："前辈还是去公司上班吧。我目前的公务员工作，和前辈在公司里做的工作是没有多大差别的。你之前为了应考而付出了辛苦的努力，我也替你惋惜。但是，前辈之前学过的所有知识，都会成为创造美好未来的资本。"

最终，前辈决定参加工作。后来我听说，他在公司里非常受认可，成为重要一员。假如当初他放弃了去公司工作的机会，继续备考公务员考试，也许获得的成就并没有今天这么大。

我们需要冷静地分清过去付出的努力和关系未来的决定，避免因纠结于之前的辛苦付出而阻碍自己做出有利于将来发展的正确决定。

警戒自满态度

学习成绩优秀的人最需要警戒的心态，就是自满。我在大学期间时，总能见到自满的人。那些人总是觉得自己的看法都是正确的，理所当然地认为看了很多书之后得出的结论就是正确的，任由自满心理支配着自己的言行。

说实话，我曾经也有过自满心理。自从考进了好大学，又通过了几次资格证书考试，我的自满心理悄然滋生。如果不及时消除这种心态，就会被自满心理支配身心。可怕的是，即使自满心态占据大脑，自己也不会察觉出来。在不断遇见学习领域更广、学术地位更高的人时，我才开始反省自己的自满心态。当我意识到"山外有山，人外有人"时，便彻底丢弃了自己的自满心态。

当遇到真正功力高深的高手时，我才发现，他们不会在言语上炫耀自己的能耐，可谓深藏不露的高人。我们在和高人交谈时，只凭他们的言谈举止以及对事情的见解，就可以窥见他们的学问。自我吹嘘是廉价的，只有自己的学识被他人认可和推崇，才是真正的学富五车。在修炼成高手之前，我们只有谦虚做人，才能严谨治学。

妨碍学习的因素

即使坚持学习并取得了不错的成果，我们也未必能够顺利完成学业。学习的时间越久，我们越容易感到压力，而且也会消耗相当大的体力。年轻时也许这种感觉不太明显，但其实越感觉不到就越具有一定的危险。疲劳会如洪水一般涌向全身，造成巨大损害。

学生时期最大的考试就是高考，考生们往往会面临身心的巨大压力。有的学生在高一、高二时成绩非常突出，却在高三的重要关口成绩下滑。我也曾亲身经历过这种情况。

这时的成绩下降并非由缺乏努力造成，反而是因太过努力学习而产生了厌学情绪，或者由压力积累过多所致。压力如果不能被适时消除，就会持续积压。

为了缓解压力，我一般会在六月份抽出一到两周进行休假，不管那时学习或工作有多么忙碌。在休假时，心无旁骛地休息、玩耍。我们在学习时如果用脑过度，就会觉得不管怎样启动大脑都毫无作用。我们偶尔需要为大脑清零。

考虑因学习而放下的事情

如果我们用所有时间进行学习，那么自然会有因学习而无法做到的事情。这些事也许涉及其他领域的经验，也许是人际关系方面的交流，也许是日常生活的幸福体验。正因如此，我们才更应该让学习更加高效。这样，我们才有机会体验学习之外的事情。在闲暇时光，我们要懂得感恩父母，联络好友，如果可能的话，还要适当参加休闲活动。

注意周围1：
别被暗藏陷阱的建议所左右

如果想获得优秀的成绩，就需要平衡自己和身边人的关系。奇怪的是，我们身边的父母、领导、朋友，无一不是"建议专家"。当然，我们有必要听取其中的某些建议，比如今后的人生道路方向。而且，通过听取建议也能收获一些自己未曾有过的体会。但是，也有很多建议是毫无建设意义的。如果我们不断听取别人的建议却缺乏自己的主见，恐怕也会像断线的风筝一样，在别人的建议当中摇摆不定。

为什么会因身边人的建议而动摇

就我个人经验而言，有时候我会觉得身边亲友的建议很有道理，但实际上它们妨碍我做出正确的判断和决定。而且，有些建议听上去合情合理，令人无法抗拒。

"现在该为了将来而学习了""休息日别总睡懒觉""该锻

炼身体了"等建议都是正确的，让人想不出借口来反驳。可是，这些话听得久了，我们会觉得更像是耳边的唠叨。这些说着正确建议的人，心里固执地认为，听到这些建议的人如果不照做，就会吃亏。听到这些建议的人，长此以往会觉得自己仿佛真的做错了，心情会越来越糟糕。

"你该进入大企业工作""听说某企业的年薪很高，你去试试""你该考名牌大学"等建议，并没有为我们提供任何对策和方法。这样没有具体实施方法的建议，大可不必认真听取，当作"无用之说"即可。如果你问给出这些建议的人究竟应该怎么做，大部分的回答是"那正是你应该思考的啊"。如果有人能告知我们在现实中真正能做的事，那么这才是有价值的建议。其余的建议，都只会令我们内心动摇。

究竟怎样的建议才算是有建树的好建议？首先，了解自己的现状，考虑自身条件。提出合理努力方向的建议可以听取。有时这些建议会具体到实现理想的方法，还可能会预知未来的困难，并建议我们该用怎样的方法来应对和解决这些困难等，这些建议才是有听取价值的。

另外，有些给出建议的人并非在为别人设身处地提供建议，而是单纯为了满足好奇心，有的人也乐于假装前辈，借着提供建议的由头，借机对晚辈炫耀自己的成功经验。甚至有更加险恶的人，表面上给出建议，其实心里想"他要是成功了可不行"。因此，各种建议中，有很多裹着善意外衣的言论。

这个世界上存在许多毫无建设性的建议。即便如此，许多人还是会因为这些建议而动摇意志。

缺乏自信

如果经验不足,就会对于自己所做的一切感到不自信。特别是在学生时期,会有许多迷茫的想法,如"这是别人让我学的东西""我以后能做什么工作呢""我再学一些什么好呢""我究竟喜欢学些什么"。越是对自己的未来没有坚定目标的人,就越希望能从他人的建议当中寻求帮助,从而开始依赖前辈或长辈的建议。渐渐的,我们会对所有的建议照单全收,无法辨别建议的价值,甚至让各种建议动摇了自己的意志。

越是陷入困境越是害怕失败

在困境中,人们的心情会变得急躁起来,想快速找到便捷的方式摆脱困境,对成功的欲望也在滋生。在这种心态下,很容易轻信错误的建议:投资股票时渴望一夜暴富,会轻信毫无根据的投资信息;学习时想更快地取得高分,容易听信错误的建议,误入歧途。

在备考时,内心的恐惧越是汹涌,我们就越会认为"别人一定知道自己不知道的重要信息",从而更加轻信别人的建议。独自备考的考生,因为无法把握自己的真实水平,总会向师长询问建议。还有一些考生是初次备考,对于考试的内容和方向没有准确判断,时刻都在怀疑自己。这样就很容易被周围人口中的"我的方法肯定错不了"说服。听着这些糖衣炮弹般的建议，他们即使用了错误的学习方法也毫不自知，最后沿着错误的方向越走越远。

别人的都是好的

有时候，我们会觉得别人选择的路都比自己选择的好。当我在准备国家七级公务员考试的时候，我的一个好朋友决定考注册会计师。我的内心出现了"考那个是不是更好""听说公务员薪水低，是不是做会计师更赚钱"等想法。在这种情况下，我的大学前辈又认为我选择的备考之路很平庸，我彻底陷入了左右摇摆之中。当我看到网络论坛上的一篇"某某考试合格VS某某考试合格"的文章时，其中关于哪一个考试更好的讨论，让我发现了"别人的都是好的"这种心理。

外在条件优越的工作，在我们实际做起来时恐怕会发现难度较大，我们无法依靠职业的名称判断实际的工作内容。所以，想做出明智的选择，就要从自身的情况出发，选择自己真正想做的事情。选择表面光鲜的工作或片面听取别人的建议，都不能对自己的未来产生正面影响。

另一个伏兵——客套寒暄

我们不仅要辨别身边人给出的建议是好是坏，还要提防其他人的客套敷衍。交易所的职员、不太亲近的同事、在聚会中遇到的人等，我们时常能从这些人的口中听到寒暄之词。

"你一定能成功的。"

"怎么落榜了呢？要是我，一定会选你！"

"多少分？哇！实在太可惜啦！"

听到这些话时，我们往往心情舒畅。在我们缺乏自信时，如果能听到这些话自然会身心愉悦、充满力量。但是如果我们对于这些寒暄之词毫无抵抗力，就会十分危险。我们可以欣然接受鼓励之词，但仍要勇于面对自己的不足之处，只有如此方可勇往直前。

不被他人意见动摇的方法

如前文所述,我们会被旁人的各种建议包围,也会因为某些没有实际意义的建议而动摇学习意志。我们需要锻炼能够果断屏蔽信息的能力。因此,我们需要不断提醒自己,不忘初心。

莫管旁人言语多,只要自己意志坚

不用完全听取旁人的建议。以我的个人经验来说,亲朋好友给我的建议中,没有一条适用于我的实际情况,没听取这些建议也没有对我现在的生活产生任何影响。当我真的需要听取一些前辈的经验时,我会向真正了解我的情况,并且愿意真心真意为我提供帮助的人虚心请教。

要学会有选择地听取身边人提供的建议,认为建议中肯就接受,认为建议不符合自己的实际情况就无须多想。为没有价值的建议而感到压力,恐怕只是在消耗自己的体力和心力。这时,不要犹豫,捂住耳朵屏蔽。

为了把不利于自己冷静思考的杂念甩掉,我会建立"只属于我的意识"。一旦做了后悔的事情,就去爬山,把所有的负面情绪都抛在山顶,然后轻松下山。距离山顶越远,那些不堪的记忆就离我越远。只要是能够消除负面情绪的活动,都能够帮助自己解压。

利用数值作为判断根据

为了摆脱无用的建议,我们可以以数值为根据,进行客观判断。例如,如果在备考中发现学习状态下降,就记下每天的实际学习量,计算以当下的速度能否在考前看完所有内容,预测现在的学习方法是否能够提高学习成绩等。把这些数据与之前制定的学习目标相比较,对自己的学习状态进行客观分析。然后,看一看身边人的建议是否有益于解决当下的困境,再通过具体规划设定新的学习目标。

想做就做,不要犹豫

"你该参加司法考试才对,怎么考那个赚不到钱的行政考试呢?"

我在准备行政考试期间,耳边经常听到这样的声音。想学什么本来就该由自己决定,坚决不能动摇立场。我们只需要按照自己的意志生活。只要想通这些道理,就没有必要被他人的不当言论而左右。

在决定工作目标和学习方向的过程中,如果不清楚自己应该走哪条路,就容易迷失自我。我们需要想清楚自己做选择的动机,也要确保自己的学习方法是正确的。

注意周围2：
如何避免学习中的情感消耗

在生活中，我们除了需要消耗体力，也需要消耗情感。平时，我们虽然感觉不到情感的消耗，但是一旦和伴侣分手或偶然听到别人说了自己的坏话，就会产生负面情绪，从而发生情感消耗。我们在学习的时候，精神压力比较大，会表现得非常敏感。有时，朋友的无心之举会触动自己的某个神经，导致我们大动肝火。克服这种负面情绪，也是养成良好学习方法的重要条件。

明确情绪的出发点

负面情绪往往会在思维反刍中加重。我们来举个例子。我在准备注册会计师考试期间偶然遇见了老友，却听见他说："正在准备注册会计师的考试吗？那个考试很难，我身边没有几个人通过那个考试。"听了这番话，我的内心自然五味杂陈。"为何跟我讲这些？难道是盼着我考不上？"腹诽在所难免，好心情被破坏，瞬间无心向学。

有了负面情绪，首先要找到情绪的根源。大多数负面情绪的起因，都是鸡毛蒜皮的小事。就像刚才的事例，不过是好久未见的老友说了几句不痛不痒的话，却搞得自己无心向学。"考试难度大，身边没有人考得上"，这些只不过是别人狭隘的想法罢了。好久没见的朋友是感受不到自己当前是多么努力的。也许他并没有恶意，但由于我们对于正在做的事情缺乏自信，便产生了这些负面情绪。

情感消耗，没有丝毫好处

在上文的事例中，朋友的几句话，搞得自己一两个小时都学不进去，结果还是自己吃亏。我们也没有理由跑去和那个朋友理论、要赔偿，那个朋友当然也不会给出任何赔偿。产生情感消耗的主体是自己，遭受恶果的也是自己。对于这样的事容易想明白，但在真正遭遇"情感消耗"时，我们还是会迷茫无措。

如果听到朋友说"身边没有几个人能通过那个考试"，我们不应觉得朋友认为自己也考不上，而应觉得"周围的人都觉得很难考的考试，备考时一定要更加努力"。换个角度思考，心情就会平静很多。反正必须要学习，心平气和地学习才会更加高效。

放下目前无法实现的事

在遭遇情感消耗时，能够快速治愈心灵的方法，是区分目前可做的事和无法做到的事，然后果断地抛弃短时间内无法做到的事。假如考前有位朋友跟我说："我看见你女朋友跟其他男人在一起。"听到这，我急忙给女友打电话，却无人接听。在打过十几遍电话之后，终于听到了女友的声音，却是一句："我们还是分手吧。"抓着话筒跟女友争吵了两三个小时，最后的结果却丝毫没有改变。

为了备考，我跑到图书馆的时候，已经是晚上十一点了，而考试的时间是第二天早上九点。这个时候，肯定无心学习。然而，即使不学习，女友也依旧不会回来。虽然不知道第二天等彼此都平静下来之后会不会再次和好，但是如今吵成了这个模样，恐怕说什么都是枉然。

与女朋友和解，是"现在做不到的事"。但是，第二天早上九点考试的结果，是由今天是否好好复习决定的。复习是"现在唯一能做的事"。即便熬夜，也要完成考试复习，把"现在做不到的事"往后推。

对负面情绪无感

在情感消耗的情况下，如果故意压制负面情绪，反而会产生相反的效果。越想压抑，就越难受。越是在考前担心考不好，就越容易在考试时出错。对于负面情绪的控制也是一样，越想平静下来,就越是意难平。越想压抑的情绪,反而越强烈。

对于必须做的事情,我们自然会非常努力。如何才能对某些情绪无感呢?无感,就是指"没有心思去想"。对于自己内心浮现的情感毫不关心,就能变得无感。把各种情感放在那里,不去理睬。不要刻意地压抑情感,也不要探究情感的出处。在保留那些情绪的状态下,完成自己应该做的事。

我有个习惯,一旦产生负面情绪,就大声地做一些事情。

我会大声嚷嚷。"啊!该洗碗了!""对啊!居然忘了今天要背单词!得先背单词!"只要我这样闹哄哄地忙碌起来,负面情绪就会离我越来越远。

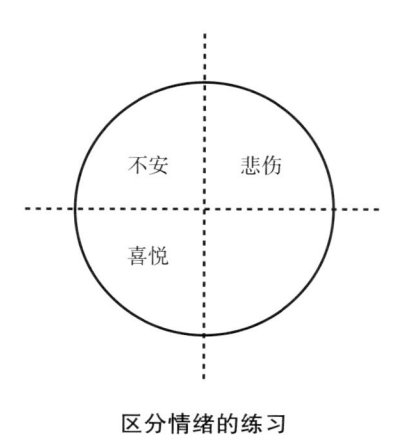

区分情绪的练习

我曾经想过,假如人的心灵能被分成不同的房间,每个房间里放置着一种情绪,只要关掉房间的门就可以阻挡房间里的情绪溢出,这样就能方便我们控制各种情绪了。如果想克服负面情绪对学习的影响，就应该练习区分各种情绪。这种练习就是把各种情绪划分在不同的区域内，如果有一种情绪快要越限，我们就关掉那个区域的大门。电影《死亡诗社》里有一句拉丁语"carpe diem"，意为"活在当下"。不要执着于过去，也不要对未来感到不安，要忠实于当下自己所做的事。我们可以把这句话作为区分情绪练习的关键。

往事已成追忆

事实上，那些折磨过我们的负面情绪，随着时间的流逝，都将成为往事。在工作中被领导批评的尴尬事，被异性朋友始乱终弃的伤心事，虽然在经历这些事的时候，我们的情感受到了伤害和暴击，但是几年后再回头看，大多人会感叹"往事已矣"，一笑了之。经历过巨大情感风暴的人都知道，时间能够治愈一切。再大的事，时间久了，也会变成无足轻重的小事。只要这样想，就会减少情感的消耗。

放眼世界1：
开始学习永远不晚

对于学习者来说，年纪重要吗？从结论来看，我认为学习没有早与晚的区别。但是世人皆以年龄为依据，认为人们到了什么年纪应该就做什么事情。因此，抛开年纪的因素谈论学习，也并非易事。

有很多上班族怀疑，"现在开始学习，会不会太晚"。从考公务员这件事情上来说，年纪轻轻通过考试并没有坏处，而年纪较大的人参加考试更没有什么不利因素。曾经和我一起参加研修的同班同学中，甚至有比我年长十二岁的人。因为先做了其他事情，他很晚才开始准备公务员考试。而他早年的工作经验也给他的新工作奠定了良好的基础。我曾经跟他一起共事过几个月，发现他与上下级和同事相处得都很融洽，而且当他人在工作中有困惑时，他总能为其指出明确的方向。我看到他就明白了一个道理："姜还是老的辣。"

有一位六十岁的老人，曾经在外企保险行业摸爬滚打二十五年，然后转行考取了首尔市九级公务员，曾经写过一本叫作《自信满满的公务员考试宝典》的书，他就是在韩国鼎鼎大名的全浩镇。他在通过公务员考试后，入职首尔市瑞草区，从事基层工作。我在他书中的序言读到，"有人曾问我，还剩下两年就退休了，为什么还要辛苦考取公务员？我的回答是，我想利用退休前的两年为大众服务，将余生奉献给公益事业。"

我认为，决定做什么事情不在于年纪几何，而在于这件事情适合在人生的何种阶段去做。我们总会把年轻人的作为跟自己年轻时的经历进行比较。比如，我们会感叹，"最近大峙洞高中生们的英语都说得这么棒啊""现在大学生就业前的托业考试分数要拿到多少""这个年纪考医科大学恐怕晚了吧""干嘛又要重新考试"……其实这些想法完全没有必要。我们要思考的应该是，"在我的人生阶段中，每个阶段我都学到了什么"。能够按照自己的节奏来进步和学习，才是最重要的。

按照自己的人生计划，踏踏实实完成学习目标，才有助于人生的发展。从小学开始到大学毕业，虽然我们学习了将近二十年，但其实并没有留下什么。这恐怕就是由于没有按照人生的计划来学习造成的。我们需要充分了解自己现在所处的境况，然后考虑应该学习什么。

我在租税审判院工作时，备考注册地产经济师也是出于这个理由。也许大家会想，"既然通过了行政考试，为什么又要考取注册地产经济师呢？"但是对于我来说，这个考试正是符合我那个人生阶段理想目标的重要考试。在租税审判院工作时期，我经常会处理一些由税务纷争引起的调解工作。我需要掌握与不动产相关的专业用语，只有具备了这些知识背景，我才能弄清楚纠纷的来龙去脉，做出合理的判断。考取注册地产经济师之后，我只需要拿出资格证书，别人就会认可我在不动产方面的资质，也自然相信我能做出公正的审判。另外，我也有计划在退休后开一家地产经济事务所。退休后，我将面临白手起家的局面，所以我自己需要获得一份专业性较强的证明，心里才能踏实。

也许是因为我有注册地产经济师的考试经历，所以每次找房子遇到房产经纪人时，我都会问一问他们的工作感受。曾有一位房产经纪人给我讲："由于要在家里照顾孩子，我年纪很大时才考取了注册地产经济资格证书。也许是因为历尽艰难才取得证书，每次看到自己的业绩上涨时，心头总是美美的。"

在必要的时候，懂得学习的意义，才是学习真正需要的能力。判断自身条件的冷静心态，冲力无限的学习劲头，懂得经营生活的姿态，拥有这些才能在学习中取得最后的胜利。随着社会的飞速发展，我们需要掌握的知识也在不断变化。比起在年纪小时囫囵吞枣，不如在有必要学习时快速掌握知识，加速适应社会。

在固定的年纪做相应的事，已经不太适用于我们当今的人生规划了。如果认为有些晚，就不要再拖延；如果感觉速度快，就干脆快速完成后再休息。简言之，所有年纪都是适合开始学习的年纪。

放眼世界2：
走上高位，也要懂得如何退场

在我从事长官随行秘书这份工作时，去过的最多的地方，就是葬礼现场。在韩国，如果想认真经营人际关系，就免不了要到处参加红白喜事。越是地位高的人，交际圈越广，需要照顾的人就越多。我在担任长官随行秘书时，经常跟随长官参加葬礼，见识过各种各样的面孔。

大多数人是为了哀悼逝者而参加葬礼。事实上，有些人并非单纯出于此目的而来。韩国有句俗语，"政丞的狗死了，吊唁者人山人海，政丞死后却无人问津"。我们有时为了能在位高权重者面前好好表现，以巴结权贵为目的去参加葬礼。这层内在关系，使参加葬礼成了一件政治意义非常强的事。葬礼虽然代表着某人抛下尘俗驾鹤仙去，但对于另一些人来说，葬礼也是攀附权贵的阶梯。

所有人都渴望升迁。班级第一、全校第一、比赛获奖、名牌大学、一流工作……人们渴望拥有这些。高中的时候，我的成绩是全班第一，曾经连续三年全校第一，并考上了首尔大学经济学专业。尽管在大学期间由于人生目标尚未明确有过徘徊不定的阶段，但好在最后通过参加行政考试挽回了局面。我为了提高自己的社会地位不断努力，而从结果来看，我收获颇丰。

但是并非只要不断提升地位，就能解决所有人生困惑。有上升的机会，就有下降的风险。不管在职场中处于怎样的职位，都有可能降职甚至离职。

从前，退休后虽然已经是前任社长、前任长官、前任理事长，但还会被晚辈们称为"社长""长官""理事长"。即便退休了，依然能受到尊敬。在从前的社会，人们只要到达了一定的高度，所有的人生问题就都能得以解决。

但是现在的社会却发生了很大改变。就拿公务员来说，不管曾经是多高级别的长官，只要退休，就只是退休人员而已。"关于禁止收受不当请托和财务等相关法案（《金英兰法》）"施行以后，人们在退休后很难再进行业务方面的请托。尽管当今社会还是会遗留一些从前的官场文化，但是它们正在逐渐消失。我们需要清醒地认识到，退休后的生活将和从前的生活完全不同，我们有必要更冷静客观地考虑老年生活。

即使已经追求到了至高的位置，也应该考虑怎样才能从最高点安全下来。一味向前奔跑的时代已经过去了。我们需要在每次提升时，居安思危，随时思考"走下高点后的活法"。

如何走下高点

我担任公职将近 12 年，这期间我曾有过一次晋升的机会，那发生在我以长官随行秘书身份工作了一年半以后，需要交接工作任务的时期。人事部的科长告诉我，我已被列入晋升审核对象名单中，排位也相对靠前，晋升希望比较大。他还告诉我，有一个公派去美国留学的机会，问我是否有意向。

这样好的待遇是对我辛苦工作的奖励。在公务员的工作中，长官随行秘书是非常辛苦的职位，需要从早到晚在岗，也没有周末休息时间，所以在结束随行秘书工作之后，人们一般都会得到职位晋升或公派留学的机会。从公务员的角度来看，晋升和公派留学是理所应当的。但是我在这样的优待政策面前有所犹豫。

"我真的有足够能力接受这样的优待政策吗？"

所有人都在拼命追求名牌大学、一流企业、职位晋升，并且在机会来临时毫不犹豫地紧紧抓牢。但几乎无人预想被提升到这些高点之后，应该如何应对。大家都是不管不顾先抓住机会再说。目前，这个方法还是行得通的。想尽办法考入名牌高等学府，绞尽脑汁挤进一流大企业工作，只要站在高位，所有问题都会迎刃而解。

但我认为，在自我判断已经达到目前的人生最高点时，应居安思危，先思考下一步该如何前进，再选择向上提升，这才是良策。我最终没有接受晋升或留学。作为事务官，我还有需要继续完成的任务，我也不想在没有准备好的时候跑去国外混上几年再回来。

我向人事部的科长咨询进入租税审判院①的方法。我当时对租税方面非常感兴趣。在大学时我的专业是经济学，在工作时我学习了会计和财务相关知识。在拥有了这些知识之后，我总感觉自己在租税方面还有很多不足。我想借着从事租税相关工作的机会，好好学一学相关知识。能为我补充知识缺憾的地方，就是租税审判院。所以在人事调动时，我主动报名参加租税审判院的工作交流，刚好有一位租税审判院的同事想来我们部门交流，最后我顺利进入了租税审判院工作。

如果想要提升到新的高度，就需要提前问自己：为什么想要提升？提升后有什么事情想尝试？升职这件事对自己的价值

---

① 韩国租税审判院是处理韩国不动产税审判的机关。——译者注

意义是什么?目前自己是否具有足够的能力?如果能力不足,该怎样提升能力?提升之后,我们也要"一颗红心,两手准备",想好退路。

提升到一定的高度之后,需要想好自己的退路。越是成功的人士,越会因为不知进退而惨烈败北。这样的社会才是公平的。

后记
感恩尚有机会全力以赴

不久前,我接受了身体检查。在检查结果中,有多项指标给我发出了警告信号:胆固醇高、尿糖高。医生建议我一定少吃咸辣食物,增加运动时间。

二十几岁的时候,我对吃喝玩乐毫不顾忌,如今也到了需要预防各种疾病的年龄了,为了健康要注意饮食、睡眠等生活习惯。要有规律地运动,定期做健康检查,就连我喜欢吃的炒年糕、香肠、碳酸饮料都不能过量食用。想到如今到了需要管理身体健康的年纪,不禁悲从中来。不过幸运的是,尚未得大病。只要平时多注意依然能够维持健康状态,也就是说,我还有着拥有健康的机会。

我在上班时重拾课本的决定,也是基于生活还存在变化的可能性而做出的。我只要一有空,就会看书。就这样,我一点一滴地提高了自己的生活质量。每次跟老友叙旧闲谈时,我都有新鲜的事物拿出来跟大家分享。希望以后也能有愉快的消息告知大家。这本书的出版对于我来说，又是一件美好的事情。

如果读者朋友们能通过阅读这本书抓住改变自己的机会，那就太好了。我希望大家能利用机会不断为自己创造愉快的经历，并且找到适合自己的学习方法。长城的建成并非一日之功，需要多多努力。为了一个小小的好消息，大家需要付出很多努力。

我在这本书的写作过程中，参考了数百本书籍，边学习边写作，也算是绞尽脑汁。从找到写作方向，到一点点明确写作方法和内容，再到最终整理完成，我得到了多方支持。

首先，我要感谢我的夫人崔燕情，她总是能在适当的时候帮我把握本书的方向，并且直言不讳地指出我的问题。感谢她既能为我指出问题所在，又能帮我找出新的方向。多亏了夫人的指点，我才能完成这本好书的创作。也很感谢总是站在一旁微笑支持老爸的女儿苏慧。

感谢永远在身后默默支持我的父亲母亲，希望他们今后更加健康。感谢成为我的书中人物的哥哥，每次看到他在医院忙碌的身影，都是对我的激励。

向因偶然机会一起编撰、出版此书的出版社，还有为了这本书呕心沥血深夜改稿的尹智润编辑，以及出版社的各位同事深表感谢。我们一起经历数月的努力，共同打磨出了这本书。多亏大家的协助，我的书才能以这么优秀的面目跟大家见面。

在这里向以下为我提供帮助的各位朋友表示感谢。韩国国务调整室闵成浩科长、李昌贤事务官、崔成焕检察长，租税审判院郭尚民科长、刘晨才科长、赵勇民科长、南莲花事务官、周江硕事务官、尹石焕事务官，还有KAIST经营大学尹真罗教授、延世大学徐承法教授、三星电子刘勋东专家、《朝鲜日报》金志燮记者、广场法律事务所法务法人江智贤律师、正义法律事务所法务法人金道贤律师、律村法律事务所法务法人成秀贤律师、三律法律事务所江浩俊律师、世韩法律事务所吴行哲律师、巴黎政治研究生院研究生崔有情。借此机会，我向以上人员表达由衷感谢。

最后感谢购买本书的读者朋友们，以及在Brunch论坛为我留下鼓励之词的朋友，感谢大家对这本书的支持。我在读过论坛上面的留言后，发现书中还存在很多不足之处。即便如此，大家还是纷纷阅读。我因此受到了很大的鼓舞。再次向大家表示感谢。

李亨宰

2024年3月